続！ざんねんなお城図鑑

JN195677

はじめに

皆《みな》さまのご愛顧《あいこ》により、まさかまさかの『ざんねんなお城《しろ》図鑑《ずかん》』第《だい》2弾発売《だんはつばい》と相成《あいな》りました！　第《だい》1弾《だん》では、紹介《しょうかい》しきれなかったお城《しろ》が山《やま》ほどあったので、うれしい限《かぎ》りです。

お城《しろ》に行《い》くと、よく心《こころ》の中《なか》でツッコミを入《い》れてることってありませんか？「あの天守《てんしゅ》、変《へん》な形《かたち》」とか「ええ、城主《じょうしゅ》かわいそう……」とか、「こうつくった方《ほう》がよくない？」とか。第《だい》2弾《だん》となる今回《こんかい》は、そんなお城《しろ》に対《たい》するツッコミを集《あつ》めてみました。

まず「第一章《だいいっしょう》　何《なん》か変《へん》!?」では、変《へん》な場所《ばしょ》に建《た》っている城《しろ》や何《なん》だかおかしな構造《こうぞう》の城《しろ》、奇妙《きみょう》な復元《ふくげん》など、思《おも》わず「変《へん》なの！」とツッコんでしまうお城《しろ》を紹介《しょうかい》。

続《つづ》く「第二章《だいにしょう》　それは違《ちが》う！」は、よくこう言《い》われてるけど、じつは……というお城《しろ》を紹介《しょうかい》。熱海城《あたみじょう》のように、そもそも城《しろ》じゃない城《しろ》

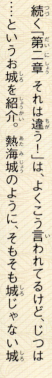

（!?）も登場《とうじょう》します。

「第三章《だいさんしょう》　悲《かな》しすぎ……」で紹介《しょうかい》するのは、あまりにも短期間《たんきかん》で壊《こわ》されたり、人災《じんさい》・天災《てんさい》によって理不尽《りふじん》な目《め》にあったり……と、悲《かな》しみの歴史《れきし》を背負《せお》ったお城《しろ》たち。読《よ》み進《すす》めるうちに泣《な》けてくる……かも。

「第四章《だいよんしょう》　怖《こわ》いよお‼」に登場《とうじょう》するのは怪談《かいだん》……だけでなく、合戦《かっせん》の怖《こわ》い話《はなし》や物理的《ぶつりてき》に怖《こわ》い場所《ばしょ》に建《た》っているお城《しろ》など。本当《ほんとう》に怖《こわ》いのは怪異《かいい》なのか人《ひと》なのか……。

最終章《さいしゅうしょう》「第五章《だいごしょう》　忘《わす》れないで……」は、忘《わす》れられたお城《しろ》たち。城《しろ》の場所《ばしょ》や合戦《かっせん》での活躍《かつやく》など、いろいろなことを忘《わす》れられたお城《しろ》たちのこと、覚《おぼ》えてあげてください。

どの章《しょう》も城名《しろめい》だけ見《み》るとまとまりがないように見《み》えますが、読《よ》めばきっと章《しょう》のタイトルと同《おな》じツッコミを入《い》れてしまうはず。

それでは皆《みな》さん、ページをめくって「ざんねんなお城《しろ》」の世界《せかい》へ飛《と》びこみましょう！

かみゆ歴史編集部《れきしへんしゅうぶ》

続！ざんねんなお城図鑑 もくじ

さあ、登城しよう！ ざんねんなお城MAP

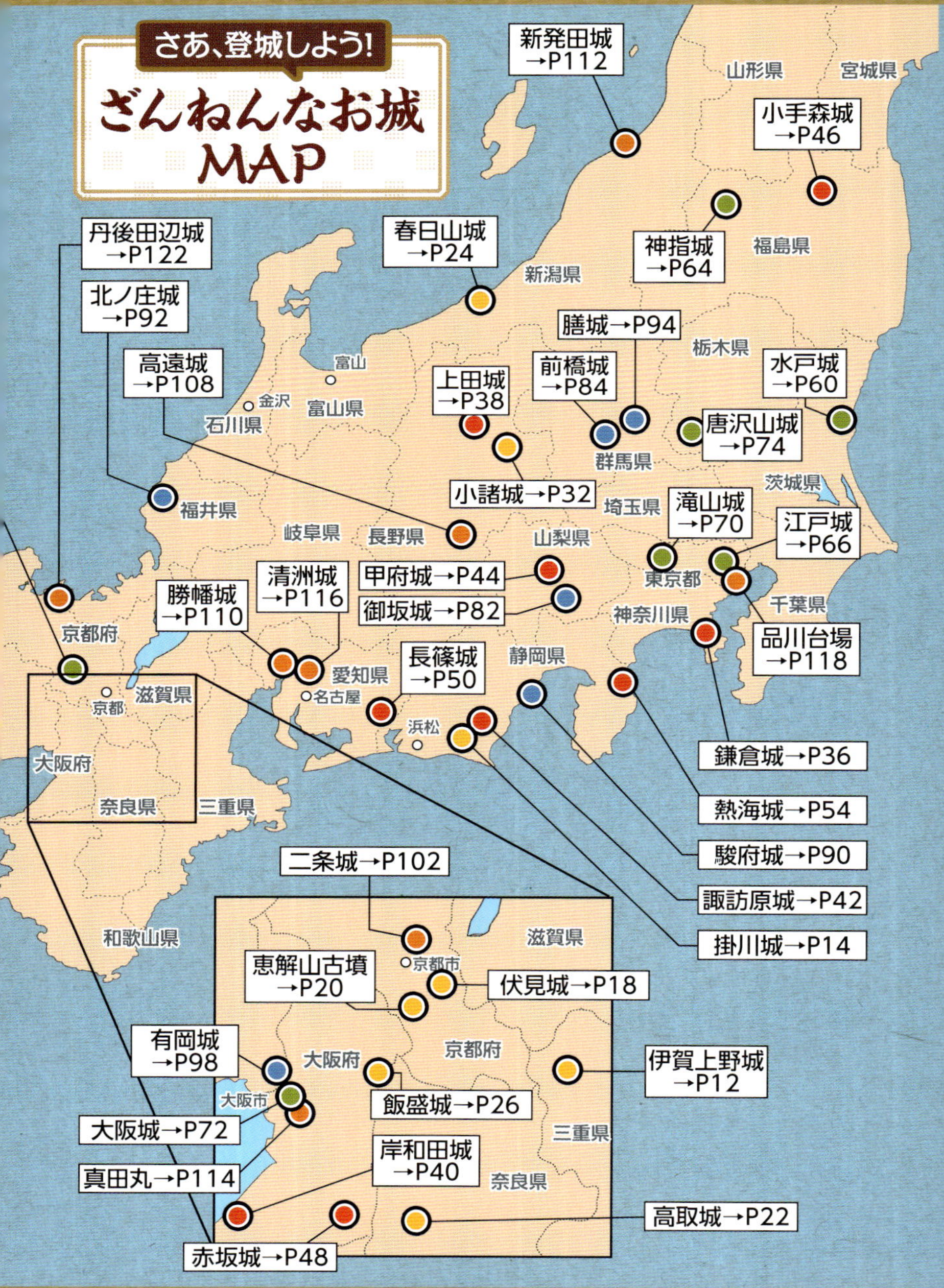

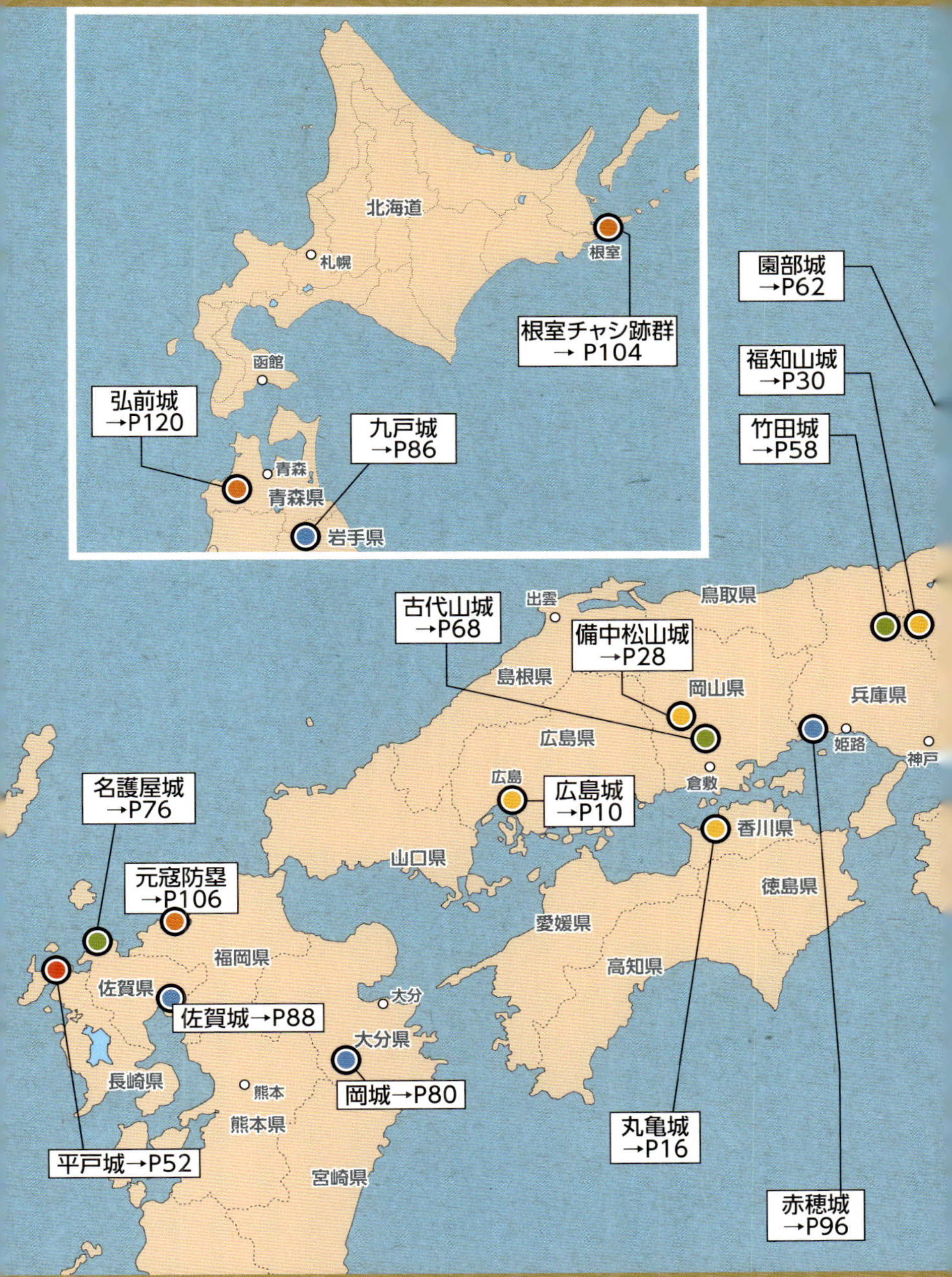
北海道
札幌
根室
根室チャシ跡群 → P104
函館
弘前城 →P120
九戸城 →P86
青森
青森県
岩手県
園部城 →P62
福知山城 →P30
竹田城 →P58
古代山城 →P68
出雲
鳥取県
備中松山城 →P28
島根県
岡山県
兵庫県
広島県
姫路
神戸
倉敷
広島
広島城 →P10
香川県
名護屋城 →P76
山口県
元寇防塁 →P106
徳島県
愛媛県
福岡県
高知県
佐賀県
大分
佐賀城→P88
大分県
長崎県
熊本
岡城→P80
熊本県
丸亀城 →P16
平戸城→P52
宮崎県
赤穂城 →P96

イラスト

おぐし篤

漫画家・イラストレーター、イカロス出版、宝島社、KKベストセラーズ、東京書籍等でイラスト、書籍デザインに携わる。イカロス出版にて、「実録!TPC73期」「真伝!空自ファントム」「自衛隊感染予防BOOK」「IBCSマンガでわかるネットワーク戦闘」等作品多数。

編集協力

かみゆ歴史編集部

(滝沢弘康、小関裕香子、小林優、林星奈)

「歴史はエンターテイメント」をモットーに雑誌・ウェブから専門書までの編集制作を手がける歴史コンテンツメーカー。扱うジャンルは日本史、世界史、宗教・神話・アートなど幅広い。城郭関連の主な編集制作物に『廃城をゆくシリーズ』『廃城をゆくベスト100城』『あやしい天守閣ベスト100城＋a』『「地政学」でわかる！日本の城』（すべてイカロス出版）、『よくわかる日本の城 日本城郭検定公式参考書 増補改訂版』（小和田哲男監修・加藤理文著／ワン・パブリッシング）『戦国武将が教える 最強！日本の城』（公益財団法人日本城郭協会監修／ワン・パブリッシング）『決定版 日本の城』（中井均監修／新星出版社）、『城の攻め方つくり方』（中井均監修／宝島社）

執筆協力

野中直美（1章）、稲泉知（2・4章）、山本ミカ（3・5章）

表紙／本文デザイン

藤原未奈子（FROG）

写真協力

PIXTA／shutterstock

第一章

何か変!?

上《うえ》から見《み》た広島城《ひろしまじょう》。市街地化《しがいちか》で分《わ》かりづらいが、2本《ほん》の川《かわ》に挟《はさ》まれている

広島城《ひろしまじょう》

あこがれのお城《しろ》真似《まね》っこしちゃいました

広島城《ひろしまじょう》を築城《ちくじょう》したのは中国地方《ちゅうごくちほう》の大名《だいみょう》、毛利輝元《もうりてるもと》。元々《もともと》毛利氏《もうりし》は吉田郡山城《よしだこおりやまじょう》という居城《きょじょう》を持《も》っていたのだが、こちらは典型的《てんけいてき》な山城《やまじろ》だった。秀吉《ひでよし》に謁見《えっけん》した輝元《てるもと》は巨大《きょだい》な大坂城《おおさかじょう》や絢爛豪華《けんらんごうか》な聚楽第《じゅらくてい》を見《み》てびっくり！「今《いま》のトレンドは秀吉様《ひでよしさま》の城《しろ》だ！」と、新《あたら》しい城《しろ》を築《きず》きはじめる。しかしその場所《ばしょ》は**湾《わん》に近《ちか》いデルタ地帯《ちたい》。地盤《じばん》が弱《よわ》く、完成《かんせい》まで10年《ねん》もの年月《ねんげつ》がかかってしまった。**

完成《かんせい》した広島城《ひろしまじょう》は本丸《ほんまる》や二《に》の丸《まる》が四角《しかく》いところ、天守《てんしゅ》の位置《いち》などが**聚楽第《じゅらくてい》や大坂城《おおさかじょう》のパクリ**、という仕上《しあ》がりに。あこがれを目一杯《めいっぱい》詰《つ》め込《こ》んで大満足《だいまんぞく》の仕上《しあ》がりになったものの、**わずか1年《ねん》で輝元《てるもと》は家康《いえやす》に転封《てんぽう》を命《めい》じられて退去《たいきょ》することに……**。輝元《てるもと》の代《か》わりに城《しろ》に入ったのが福島正則《ふくしままさのり》だ。しかしこの広島城《ひろしまじょう》、地盤《じばん》のせいか**洪水《こうずい》が多発《たはつ》**。正則《まさのり》は修《しゅう》復工事《ふくこうじ》を勝手《かって》に行《おこな》ったことで、処罰《しょばつ》される羽目《はめ》になる。城《しろ》が原因《げんいん》でこちらもざんねんな結果《けっか》になった。

築城者	毛利輝元《もうりてるもと》
築城年	天正《てんしょう》17年《ねん》（1589）
所在地	広島県広島市中区基町《ひろしまけんひろしましなかくもとまち》

見どころ

RC造《づく》りの天守《てんしゅ》は
原爆復興《げんばくふっこう》の象徴《しょうちょう》。本丸《ほんまる》を囲《かこ》む
水堀《みずぼり》は圧巻《あっかん》の広《ひろ》さだ！

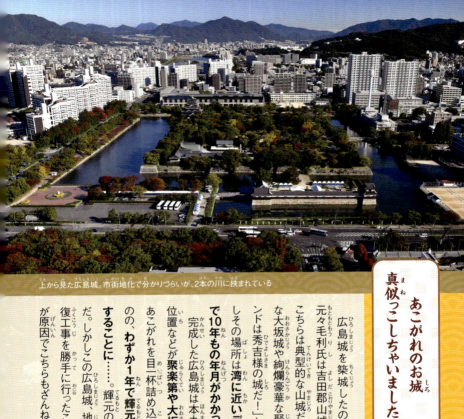

交通《こうつう》の便《べん》とか敷地《しきち》の広《ひろ》さも大切《たいせつ》だけど、
地盤《じばん》の安全性《あんぜんせい》とか維持管理《いじかんり》のしやすさとかも
考慮《こうりょ》した方《ほう》がよかったんじゃないでしょうか……

伊賀上野城《いがうえのじょう》

表《おもて》の石垣《いしがき》は立派《りっぱ》
でも裏《うら》を覗《のぞ》くと……？

藤堂高虎《とうどうたかとら》により改修《かいしゅう》された高石垣《たかいしがき》。現在《げんざい》は3年《ねん》ごとに維《い》持管理《じかんり》と景観保持《けいかんほじ》の目的《もくてき》で雑木《ざつぼく》の伐採作業《ばっさいさぎょう》が行《おこな》われる

交通《こうつう》の要所《ようしょ》として知《し》られる、伊賀市《いがし》に建《た》てられた伊賀上《いがうえ》野城《のじょう》。元々《もともと》は秀吉時代《ひでよしじだい》に築城《ちくじょう》され、関ケ原《せきがはら》の戦《たたか》い以降《いこう》は家《いえ》康《やす》のものとなった。家康時代《いえやすじだい》、**城《しろ》の大改修担当《だいかいしゅうたんとう》に抜擢《ばってき》されたのが、築城名人《ちくじょうめいじん》として名高《なだか》い藤堂高虎《とうどうたかとら》だ。**この時代《じだい》、豊《とよ》臣《とみ》と徳川《とくがわ》がにらみ合《あ》い、いつ合戦《かっせん》が始《はじ》まってもおかしくない。そこで高虎《たかとら》は豊臣軍《とよとみぐん》を防《ふせ》ぐため、とにかく石垣《いしがき》を積《つ》み上《あ》げることを思《おも》いつく。その結果《けっか》、石垣《いしがき》の高《たか》さは30m！　**大阪城《おおさかじょう》に次《つ》ぐ日本第二位《にほんだいにい》の高石垣《たかいしがき》の城《しろ》が完成《かんせい》**したのだ。

しかしこの**立派《りっぱ》な石垣《いしがき》が設置《せっち》されているのは大阪方面《おおさかほうめん》にあたる西側《にしがわ》のみ。**逆《ぎゃく》に東側《ひがしがわ》は予算《よさん》の都合《つごう》なのか、土《つち》が盛《も》られただけで中断《ちゅうだん》され、今《いま》では草《くさ》がぼうぼう生《は》えるというちょっと情《なさ》けない姿《すがた》のまま残《のこ》されてしまった。

ただ幸《さいわ》いにも伊賀上野城《いがうえのじょう》は戦闘《せんとう》に使《つか》われることはなく江戸時代《えどじだい》へ突入《とつにゅう》。高《たか》い石垣《いしがき》の上《うえ》から太平《たいへい》の世界《せかい》を今《いま》も見《み》つめ続《つづ》けている。

見どころ

再建《さいけん》された模擬天守《もぎてんしゅ》は、
地元《じもと》の名士《めいし》が
私財《しざい》を投《とう》じてつくったもの

築城者　筒井定次《つついさだつぐ》
築城年　天正《てんしょう》13年《ねん》（1585）
所在地　三重県伊賀市上野丸之内《みえけんいがしうえのまるのうち》

虚勢《きょせい》を張《は》ってみたはいいものの……。
いつバレるかと冷《ひ》や汗《あせ》が止《と》まらない！
急《いそ》がないと戦《いくさ》がはじまっちゃうぞ……！

「東海《とうかい》の名城《めいじょう》」と謳《うた》われた掛《かけ》川城《がわじょう》。日本初《にほんはつ》の木造復元天《もくぞうふくげんてん》守《しゅ》として再建《さいけん》され、掛川市《かけがわし》のシンボルとなる

掛《かけ》川《がわ》城《じょう》

遠《とお》く離《はな》れた高知城《こうちじょう》にそっくりなのはなぜ？

城主《じょうしゅ》は戦国一《せんごくいち》の出世男《しゅっせおとこ》としても知《し》られる山内一豊《やまうちかずとよ》。この掛川城《かけがわじょう》は室町時代《むろまちじだい》に建《た》てられていた城《しろ》を、秀吉《ひでよし》の命令《めいれい》で一《かず》豊《とよ》が改修《かいしゅう》したものだ。しかし秀吉死後《ひでよししご》、家康《いえやす》についた一豊《かずとよ》は掛川《かけがわ》を離《はな》れ高知《こうち》へ転封《てんぽう》することになる。**掛川城《かけがわじょう》を忘《わす》れられない一豊《かずとよ》は、高知城《こうちじょう》を「掛川城《かけがわじょう》にそっくりにしろ」と命令《めいれい》**したのだった。

やがて掛川城《かけがわじょう》は江戸時代《えどじだい》に倒壊《とうかい》。平成《へいせい》に入《はい》って復元計画《ふくげんけいかく》が持《も》ち上《あ》がるも、困《こま》ったことに城《しろ》の資料《しりょう》がない。そこで参考《さんこう》にしたのが高知城《こうちじょう》だ。**そっくりさんだったはずの高知城《こうちじょう》が新《しん》生掛川城《せいかけがわじょう》のモデルになる、というアベコベなことに……。**

なお、この復元工事《ふくげんこうじ》によって掛川城《かけがわじょう》は「日本初《にほんはつ》の木造復元天《もくぞうふくげんてん》守《しゅ》」と呼《よ》ばれるが、福島《ふくしま》の白河小峰城《しらかわこみねじょう》のほうが3年早《ねんはや》いという声《こえ》もある。ただし白河小峰城《しらかわこみねじょう》で行《おこな》ったのは三層櫓《さんそうやぐら》の復元《ふくげん》なので、やっぱり天守《てんしゅ》としては掛川城《かけがわじょう》が日本最初《にほんさいしょ》、なのだ。

築城者 朝比奈泰熙《あさひなやすひろ》
築城年 永正《えいしょう》9年《ねん》（1512）頃《ごろ》
所在地 静岡県掛川市掛川《しずおかけんかけがわしかけがわ》

見どころ
日本初《にほんはつ》の木造復元天守《もくぞうふくげんてんしゅ》。時《とき》を知《し》らせるための大太鼓《おおだいこ》を納《おさ》めた太鼓櫓《たいこやぐら》も復元《ふくげん》

旧《きゅう》・掛川城《かけがわじょう》を真似《まね》て築城《ちくじょう》された高知城《こうちじょう》だが、
時《とき》を経《へ》て今度《こんど》は自分《じぶん》が真似《まね》される側《がわ》に？
個性《こせい》があるようでないような複雑《ふくざつ》な気持《きも》ち……

山麓《さんろく》から見上《みあ》げた丸亀城《まるがめじょう》。らせん状《じょう》の構造《こうぞう》を持《も》ち大手《おおて》門《もん》から本丸《ほんまる》へは城《しろ》の周囲《しゅうい》を2周《しゅう》しなくてはならない

丸亀城《まるがめじょう》

立派《りっぱ》な天守《てんしゅ》は遠《とお》くから見《み》るに限《かぎ》る……!?

豊臣秀吉《とよとみひでよし》の四国平定《しこくへいてい》の後《のち》、生駒親正《いこまちかまさ》が築《きず》いた丸亀城《まるがめじょう》。もともとは高松城《たかまつじょう》の支城《しじょう》として建造《けんぞう》されたが、のちの一国一城《いっこくいちじょう》令《れい》によって丸亀城《まるがめじょう》は廃城《はいじょう》になってしまう。しかし数十年後《すうじゅうねんご》、この城《しろ》は西讃《せいさん》（現在《げんざい》の香川県西部《かがわけんせいぶ》）の要《かなめ》として、山崎家治《やまざきいえはる》や京極高和《きょうごくたかかず》らによって再建《さいけん》されることになる。

そんな丸亀城《まるがめじょう》の**別名《べつめい》は石《いし》の城《しろ》。**別名《べつめい》の由来《ゆらい》は日本《にほん》で一番高《いちばんたか》いという三段《さんだん》の石垣《いしがき》だ。その高《たか》さなんと60m！上《うえ》に建《た》てられた天守《てんしゅ》の各階層《かくかいそう》には屋根《やね》の飾《かざ》りである破風《はふ》が取《と》り付《つ》けられ、**立派《りっぱ》に見《み》える……が、実《じつ》はこれ、目《め》の錯覚《さっかく》である。実際《じっさい》の天守《てんしゅ》サイズは15mほど。城下《じょうか》から見《み》える方角《ほうがく》を豪華絢爛《ごうかけんらん》に仕上《しあ》げ、奥行《おくゆ》きがある風《ふう》に見《み》せかけているのだ。**そのため天守《てんしゅ》の前《まえ》に立《た》つと「おや?」と首《くび》を傾《かし》げたくなる小《しょう》サイズ感《かん》。これは豪華《ごうか》にしすぎて幕府《ばくふ》に叱《しか》られたくない。でも立派《りっぱ》な城《しろ》をつくりたい……という創意工夫《そういくふう》の結晶《けっしょう》なのである。

築城者	生駒親正《いこまちかまさ》
築城年	慶長《けいちょう》2年《ねん》（1597）
所在地	香川県丸亀市一番丁《かがわけんまるがめしいちばんちょう》

見どころ

山麓《さんろく》から山頂《さんちょう》まで
三層《さんそう》におりなす高石垣《たかいしがき》と
三重三階《さんじゅうさんかい》の現存天守《げんぞんてんしゅ》

石垣《いしがき》で高《たか》さを盛《も》って、
前《まえ》は下見板《したみいた》と破風《はふ》でオシャレして、
でも背中《せなか》ケアまでは気《き》が回《まわ》らなかった?

キャッスルランドに建《た》てられた観光用《かんこうよう》の模擬天《もぎてん》守《しゅ》。現在《げんざい》、遊園地《ゆうえんち》は閉園《へいえん》したが模擬天守《もぎてんしゅ》は残《のこ》る

伏見城《ふしみじょう》

移動《いどう》に再建《さいけん》 本当《ほんとう》の城《しろ》は一体《いったい》どこに？

何度《なんど》も移動《いどう》、再建《さいけん》されてきた不遇《ふぐう》な城《しろ》、それが伏見城《ふしみじょう》だ。一回目《いっかいめ》は豊臣秀吉《とよとみひでよし》が自《みずか》らの居城《きょじょう》にするために豪華《ごうか》に築《ちく》城《じょう》。そこが地震《じしん》で崩壊《ほうかい》すると、元《もと》の伏見城《ふしみじょう》より少《すこ》し離《はな》れた木幡山《こはたやま》に新伏見城《しんふしみじょう》が築《きず》かれた。この城《しろ》も関ケ原《せきがはら》の戦《たたか》いの前《ぜん》哨戦《しょうせん》でボロボロに落城《らくじょう》してしまう。その後《ご》、家康《いえやす》が建《たて》て直《なお》すも、江戸《えど》に幕府《ばくふ》が置《お》かれてからは**不要《ふよう》な城《しろ》として打《う》ち捨《す》てられてしまった。**

しかし1964年《ねん》、この付近《ふきん》に伏見桃山城《ふしみももやまじょう》キャッスルランドという遊園地《ゆうえんち》が開園《かいえん》し、中《なか》に模擬天守《もぎてんしゅ》がつくられることに。その後《ご》、**遊園地《ゆうえんち》は閉園《へいえん》したが、今《いま》でも天守《てんしゅ》は残《のこ》されており、まるでここが伏見城跡《ふしみじょうあと》のようになっている。**一方《いっぽう》、本物《ほんもの》の伏見城跡《ふしみじょうあと》といえば、明治天皇陵《めいじてんのうりょう》（伏見桃山御陵《ふしみももやまごりょう》）に組《く》み込《こ》まれ**発掘調査《はっくつちょうさ》も困難《こんなん》な状況《じょうきょう》に。**しかし天皇陵《てんのうりょう》の内《ない》部《ぶ》にあるため荒《あ》らされず、数《かず》ある城跡《しろあと》の中《なか》でも相当保存状《そうとうほぞんじょう》況《きょう》が良《よ》い、ということだけが不幸中《ふこうちゅう》の幸《さいわ》いである。

築城者	豊臣秀吉《とよとみひでよし》
築城年	文禄元年《ぶんろくがんねん》（1592）
所在地	京都府京都市伏見区《きょうとふきょうとしふしみく》 桃山町大蔵《ももやまちょうおおくら》

見どころ

御香宮神社《ごこうのみやじんじゃ》の社務所《しゃむしょ》では伏見城《ふしみじょう》から出土《しゅつど》の金箔瓦《きんぱくがわら》などが見学可能《けんがくかのう》

もしもしそこの模擬天守《もぎてんしゅ》くん?
アナタ、お城面《しろづら》していますけど、
そもそも、そこ城域《じょういき》の超端《ちょうはじ》っこですよね?

現在《げんざい》は公園《こうえん》として整備《せいび》された恵解山古墳《いげのやまこふん》。墳丘《ふんきゅう》の形《けい》状が変化《へんか》しているなど陣城《じんじろ》の曲輪《くるわ》も見つかる

恵《い》解《げの》山《やま》古《こ》墳《ふん》

戦国時代《せんごくじだい》のSDGs？
古墳《こふん》さえも再利用《さいりよう》

古墳《こふん》とは書《か》いて字《じ》のごとく古《ふる》い時代《じだい》の墓《はか》のこと。それも豪族《ごうぞく》や身分《みぶん》の高《たか》い人《ひと》たちが眠《ねむ》る巨大《きょだい》なお墓《はか》で、本来《ほんらい》であればそこを荒《あ》らし回《まわ》るのは厳禁《げんきん》のはず。しかしなんでもありの**戦国時代《せんごくじだい》には古墳《こふん》を再利用《さいりよう》する武将《ぶしょう》があとを絶《た》たなかった。**京都府長岡京市《きょうとふながおかきょうし》にある恵解山古墳《いげのやまこふん》も城《しろ》として再利用《さいりよう》された形跡《けいせき》がある。

恵解山古墳《いげのやまこふん》は古墳時代《こふんじだい》につくられた前方後円墳《ぜんぽうこうえんふん》で全長《ぜんちょう》128mという巨大《きょだい》なもの。本能寺《ほんのうじ》の変《へん》を起《お》こして秀吉《ひでよし》に追《お》われた明智光秀《あけちみつひで》はこの古墳《こふん》に目《め》をつけた。彼《かれ》は**古墳《こふん》の土《つち》を盛《も》り上《あ》げて堀《ほり》をつくり、急《きゅう》ごしらえの城《しろ》に仕立《した》てたのだ**という説《せつ》が昔《むかし》からあったようだ。実際《じっさい》この場所《ばしょ》からは古墳《こふん》の周囲《しゅうい》を曲輪《くるわ》に改変《かいへん》した跡《あと》や火縄銃《ひなわじゅう》の鉛玉《なまりだま》などが発掘《はっくつ》されているとか。**追《お》われる光秀《みつひで》たちは必死《ひっし》かもしれないが、土《つち》の中《なか》で眠《ねむ》る被葬者《ひそうしゃ》は「やめてくれ！」と悲鳴《ひめい》を上《あ》げていたことだろう。**

見どころ

古墳《こふん》が築《きず》かれた当時《とうじ》を
再現《さいげん》した埴輪列《はにわれつ》。
明智軍《あけちぐん》が利用《りよう》した痕跡《こんせき》も

築城者	乙訓《おとくに》の首長《しゅちょう》?
築城年	古墳時代中期《こふんじだいちゅうき》
所在地	京都府長岡京市勝竜寺《きょうとふながおかきょうししょうりゅうじ》

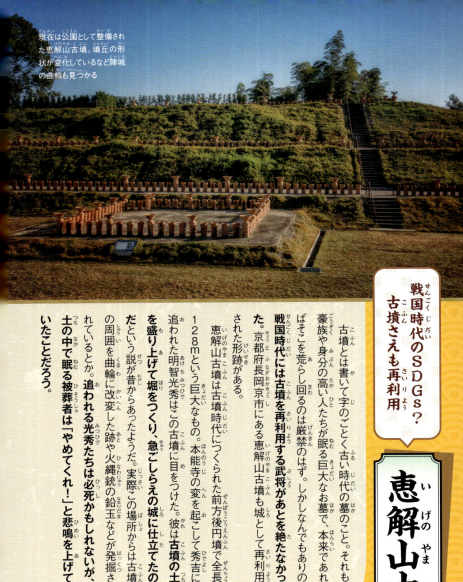

せっかく静《しず》かに眠《ねむ》ってたのに……
他人様《ひとさま》の墓《はか》の上《うえ》で
合戦《かっせん》なんかしてんじゃあねーよぉ!

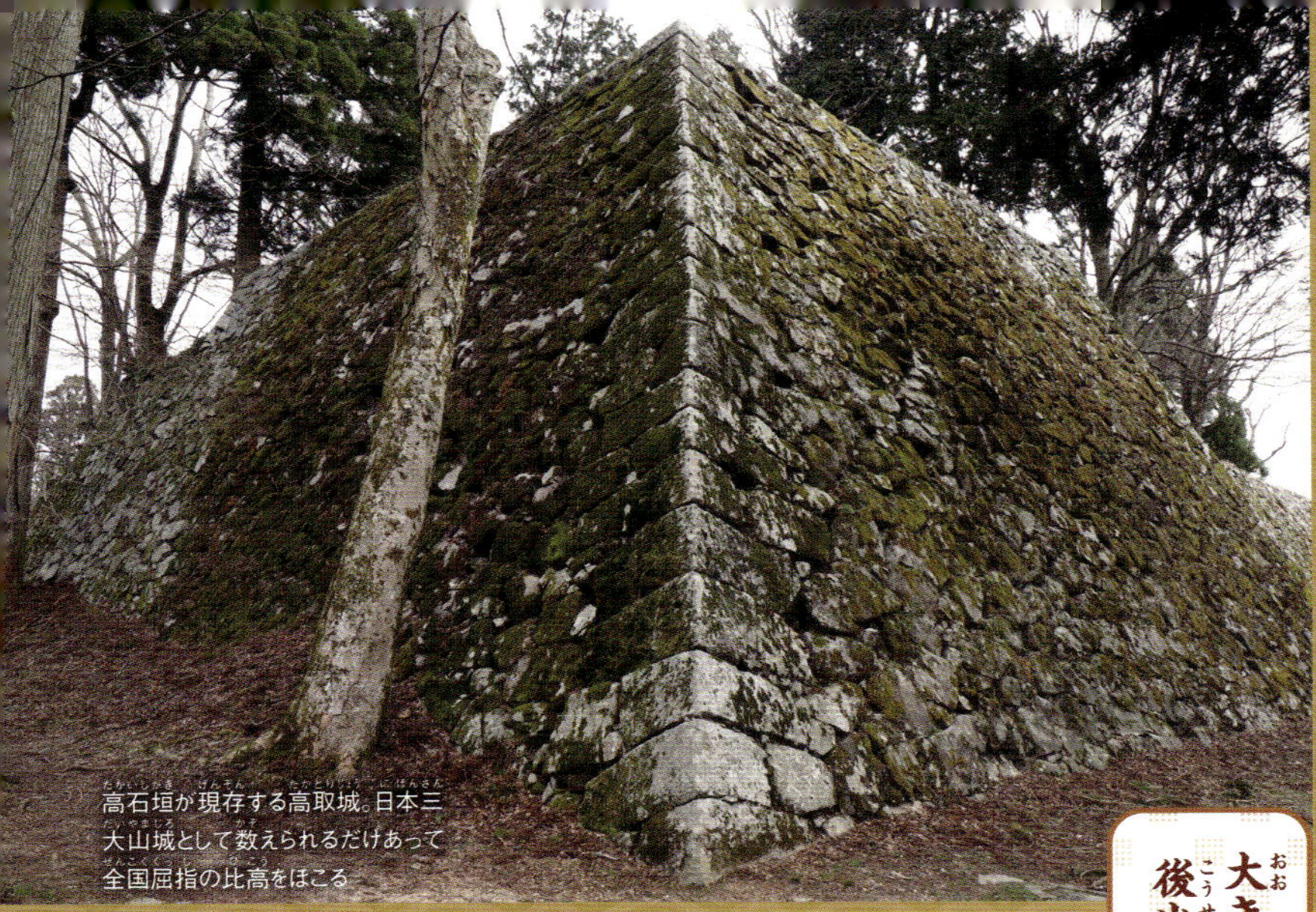

高石垣《たかいしがき》が現存《げんそん》する高取城《たかとりじょう》。日本三《にほんさん》大山城《だいやまじろ》として数《かぞ》えられるだけあって全国屈指《ぜんこくくっし》の比高《ひこう》をほこる

高取城《たかとりじょう》

大《おお》きくてカッコいいけど後世《こうせい》では苦労《くろう》のタネに

城《しろ》をつくる目的《もくてき》は敵《てき》の攻撃《こうげき》から身《み》を守《まも》るということ。そのため**巨大《きょだい》な城《しろ》はそれだけで有利《ゆうり》である**。そんな大《おお》きさに特化《とっか》しているのが奈良《なら》にある高取城《たかとりじょう》だ。もともと室町時代《むろまちじだい》に豪族《ごうぞく》が築城《ちくじょう》。さらに戦国時代《せんごくじだい》に豊臣秀長《とよとみひでなが》の家臣《かしん》、本多利久《ほんだとしひさ》が手《て》を加《くわ》えて巨大《きょだい》な城《しろ》をつくり上《あ》げた。

高取城《たかとりじょう》は標高《ひょうこう》583mの高取山《たかとりやま》に築《きず》かれ、麓《ふもと》から天守《てんしゅ》まで390m。城内《じょうない》の周囲《しゅうい》は3㎞、城全体《しろぜんたい》だと30㎞という**規格外《きかくがい》の大《おお》きさだ**。この広《ひろ》さ、合戦《かっせん》の時代《じだい》には心強《こころづよ》かっただろう。しかし平和《へいわ》な江戸時代《えどじだい》に城主《じょうしゅ》となった植村家政《うえむらいえまさ》は、ムダに広《ひろ》くて維持《いじ》に手《て》がかかる上《うえ》に不便《ふべん》な山城《やまじろ》を持《も》てあます。**仕方《しかた》なく植村氏《うえむらし》は屋敷《やしき》を下《した》に移《うつ》し、必要《ひつよう》なときだけ山上《さんじょう》の屋敷《やしき》に移動《いどう》したとか**。現代《げんだい》でも、石垣《いしがき》の補修《ほしゅう》は大変《たいへん》で、劣化《れっか》を食《く》い止《と》めるのも一苦労《ひとくろう》、その上**観光客《かんこうきゃく》の迷子《まいご》も続出《ぞくしゅつ》……と問題《もんだい》は続《つづ》いている。有事《ゆうじ》に備《そな》えることは大事《だいじ》だが、本当《ほんとう》にここまで必要《ひつよう》だったのか……**。

見どころ

飛鳥時代《あすかじだい》の石《いし》を用《もち》いた石垣《いしがき》や猿石《さるいし》。本丸《ほんまる》からの眺望《ちょうぼう》も魅力的《みりょくてき》

築城者	越智邦澄《おちくにずみ》
築城年	元弘《げんこう》2年《ねん》(1332)
所在地	奈良県高市郡《ならけんたかいちぐん》高取町高取《たかとりちょうたかとり》

「大《だい》は小《しょう》をかねる」とは言《い》うけれど、
後世《こうせい》の維持《いじ》の大変《たいへん》さを考《かんが》えたら
「過《す》ぎたるは及《およ》ばざるがごとし」だったかも

山全体《やまぜんたい》が一《ひと》つの城《しろ》として機能《きのう》した春日山城《かすがやまじょう》。現在《げんざい》、山頂《さんちょう》付近《ふきん》の木々《きぎ》が伐採《ばっさい》され麓《ふもと》からでも城《しろ》の遺構《いこう》が確認《かくにん》できる

春日山城《かすがやまじょう》

軍神《ぐんしん》だから防御《ぼうぎょ》は不要《ふよう》？ 居住地特化《きょじゅうちとっか》な城《しろ》

越後《えちご》の龍《りゅう》として戦国時代《せんごくじだい》に北陸地方《ほくりくちほう》を支配《しはい》した上杉《うえすぎ》謙信《けんしん》。彼《かれ》の居城《きょじょう》として知《し》られるのが春日山城《かすがやまじょう》だ。ここは標《ひょう》高《こう》１８０ｍの春日山鉢ケ峰山頂《かすがやまはちがみねさんちょう》を丸《まる》ごと利用《りよう》した城《しろ》である。特徴的《とくちょうてき》なのは、**地形《ちけい》の険《けわ》しさに防御《ぼうぎょ》を任《まか》せ、城《しろ》を守《まも》る石垣《いしがき》を用《もち》いなかったこと**。その代《か》わり屋敷群《やしきぐん》や砦《とりで》の跡《あと》があちこちに点在《てんざい》している。**戦国時代《せんごくじだい》だというのに無防備《むぼうび》なほど居住空間《きょじゅうくうかん》に全振《ぜんぶ》り、防御力《ぼうぎょりょく》の低《ひく》すぎる城《しろ》**だ。戦《たたか》いに自信《じしん》のある謙信《けんしん》はともかく配下《はいか》は戦々恐々《せんせんきょうきょう》としていたのかも……。

謙信存命中《けんしんぞんめいちゅう》に春日山城《かすがやまじょう》を舞台《ぶたい》とした戦《たたか》いは起《お》きなかったが、**問題《もんだい》は謙信死後《けんしんしご》のこと**。なんと城内《じょうない》で謙信《けんしん》の養子《ようし》、景勝《かげかつ》・景虎《かげとら》による後継者争《こうけいしゃあらそ》いが勃発《ぼっぱつ》するのだ。彼《かれ》らは城内《じょうない》の互《たが》いの屋敷《やしき》に籠《こ》もって戦《たたか》いを繰《く》り広《ひろ》げることに。この城《しろ》は一族《いちぞく》や重臣《じゅうしん》まで屋敷《やしき》を構《かま》えられるほど広大《こうだい》だったせいもあり、**城内《じょうない》の戦《たたか》いは2カ月《かげつ》にも及《およ》んだ**のだった。

見どころ

山城《やまじろ》ならではの大胆《だいたん》な土塁《どるい》や堀切《ほりきり》。謙信《けんしん》の銅像《どうぞう》も立《た》っている

築城者 長尾氏《ながおし》
築城年 南北朝時代《なんぼくちょうじだい》
所在地 新潟県上越市《にいがたけんじょうえつし》大字中屋敷《おおあざなかやしき》ほか

常《つね》に誰《だれ》かのために戦《たたか》っていた上杉謙信《うえすぎけんしん》らしく
自城《じじょう》の防衛《ぼうえい》よりも仲間《なかま》の居住《きょじゅう》を優先《ゆうせん》
まあ、攻《せ》められなかったから結果《けっか》オーライかな?

飯盛山山頂《いいもりやまさんちょう》に立《た》つ三好長慶像《みよしながよしぞう》。往時《おうじ》は270度畿内《きない》を見渡《みわた》せたというが現在《げんざい》でも大阪《おおさか》を見守《みまも》っているかのよう

飯《いい》盛《もり》城《じょう》

健康《けんこう》は足《あし》から？ 帰宅《きたく》のたびに大登山《だいとざん》

標高《ひょうこう》314mの飯盛山《いいもりやま》に建《た》てられた山城《やまじろ》、飯盛城《いいもりじょう》。山頂《さんちょう》に立《た》てば摂津《せっつ》から京都《きょうと》まで見渡《みわた》せる要衝《ようしょう》の地《ち》だ。ここの主《あるじ》は最初《さいしょ》の天下人《てんかびと》、三好長慶《みよしながよし》。**近畿地方最大《きんきちほうさいだい》の山《やま》城《じろ》と呼《よ》ばれたこの城《しろ》は、総石垣《そういしがき》づくりで遠方《えんぽう》から見《み》ても迫力《はくりょく》のある立派《りっぱ》なもの。**畿内《きない》を支配《しはい》した三好氏《みよしし》の権威《けんい》がよく分《わ》かる。が、問題《もんだい》は彼《かれ》らの住《す》む館《やかた》の位置《いち》だった。

通常《つうじょう》、山城《やまじろ》をつくる場合《ばあい》は利便性《りべんせい》を考《かんが》えて山麓《さんろく》あたりに屋敷《やしき》を構《かま》える。しかしこの**飯盛山《いいもりやま》は山麓《さんろく》、中腹《ちゅうふく》に屋敷跡《やしきあと》がなく、全《すべ》て山頂《さんちょう》に集中《しゅうちゅう》。つまり居住地《きょじゅうち》は高《たか》い山《やま》の上《うえ》**だった。イエズス会《かい》から派遣《はけん》されたルイス・フロイスは自身《じしん》が執筆《しっぴつ》した『日本史《にほんし》』に「司祭《しさい》が6名《めい》の駕籠《かご》かきに担《かつ》がれて山頂《さんちょう》に到着《とうちゃく》した」と記載《きさい》しており、**訪《ほう》問《もん》だけでも大変《たいへん》な道《みち》のりだった**ことが示《しめ》されている。**城《しろ》に住《す》む人々《ひとびと》は屋敷《やしき》を出入《でい》りするたび登山《とざん》コースでうんざりしていたに違《ちが》いない。**

築城者	佐々目憲法《ささめけんぽう》
築城年	建武年間《けんむねんかん》（1334~1338）
所在地	大阪府大東市北條《おおさかふだいとうしほうじょう》ほか

見どころ

信長《のぶなが》に先駆《さきが》けた石垣《いしがき》の城《しろ》。御体塚郭《ごたいづかくるわ》や高櫓郭《たかやぐらくるわ》と遺構周囲《いこうしゅうい》に張《は》り巡《めぐ》らされる

上《のぼ》り下《お》りは不便《ふべん》だけど眺望《ちょうぼう》はサイコー!
わざわざ山上《さんじょう》に住《す》んでお客《きゃく》さんまで呼《よ》んでるあたり、
長慶《ながよし》も結構《けっこう》気《き》に入《い》っていたのかも

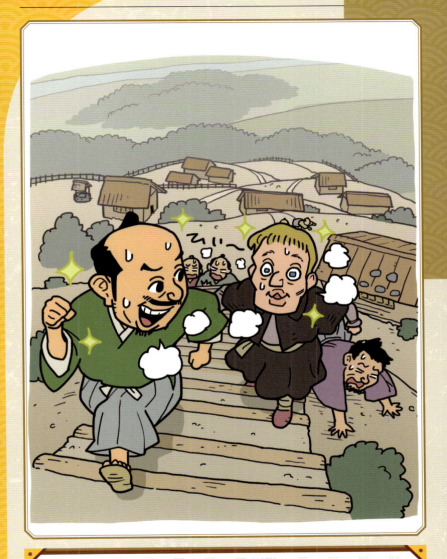

備中松山城《びっちゅうまつやまじょう》

日本一高《にほんいちたか》い場所《ばしょ》に鎮座《ちんざ》する日本一《にほんいち》のチビ天守《てんしゅ》

雲海展望台《うんかいてんぼうだい》から望《のぞ》める備中松山城《びっちゅうまつやまじょう》。戦国時代《せんごくじだい》を通《つう》じて縄張《なわばり》が変化《へんか》、山全域《やまぜんいき》に曲輪《くるわ》が設《もう》けられた巨大山城《きょだいやまじろ》へ発展《はってん》

標高《ひょうこう》４３０ｍの臥牛山山頂《がぎゅうざんさんちょう》に位置《いち》し、**現存天守《げんぞんてんしゅ》の中《なか》では日本一高《にほんいちたか》い場所《ばしょ》に建《た》つ備中松山城《びっちゅうまつやまじょう》**。戦国時代《せんごくじだい》には三村《みむら》元親《もとちか》が、関ケ原《せきがはら》の戦《たたか》いまでは毛利輝元《もうりてるもと》が支配《しはい》。江戸時代《えどじだい》には小堀氏《こぼりし》や水谷氏《みずたにし》に改修《かいしゅう》された歴史《れきし》をもつ。天守《てんしゅ》は飾《かざ》りのついた出窓《でまど》に漆喰塗《しっくいぬ》りの壁《かべ》と貫禄《かんろく》のある立《た》ち姿《すがた》。しかし、近《ちか》づいてみると意外《いがい》に小《ちい》さい。**実《じつ》は高《たか》さ11mと、現存十二天守《げんぞんじゅうにてんしゅ》の中《なか》で最《もっと》も低《ひく》い天守《てんしゅ》**なのである。

高《たか》いところに低《ひく》い天守《てんしゅ》と、なんともアンバランスな城《しろ》だが、それが明治時代《めいじじだい》に入《はい》って幸《さいわ》いした。政府《せいふ》から廃城令《はいじょうれい》が出《で》たものの、あまりに高《たか》い場所《ばしょ》にあるため人夫《にんぷ》たちは「壊《こわ》したことにしよう」と見《み》て見《み》ぬふり。**小《ちい》さい天守《てんしゅ》で下《した》から確認《かくにん》しづらいこともあり、取《と》り壊《こわ》しをまぬがれた。**おかげで天守内《てんしゅない》に囲炉裏《いろり》などの遺構《いこう》が残《のこ》り、文化的価値《ぶんかてきかち》が高《たか》まるという、人間万事塞翁《にんげんばんじさいおう》が馬《うま》を地《じ》で行《い》く城《しろ》になったのである。

見どころ

現存《げんぞん》するのは天守《てんしゅ》だけでなく本丸《ほんまる》の二重櫓《にじゅうやぐら》も。山域《さんいき》の岩盤《がんばん》を利用《りよう》した石垣《いしがき》も魅力的《みりょくてき》

築城者	秋庭重信《あきばしげのぶ》
築城年	仁治元年《にんじがんねん》（1240）
所在地	岡山県高梁市内山下《おかやまけんたかはししうちやました》

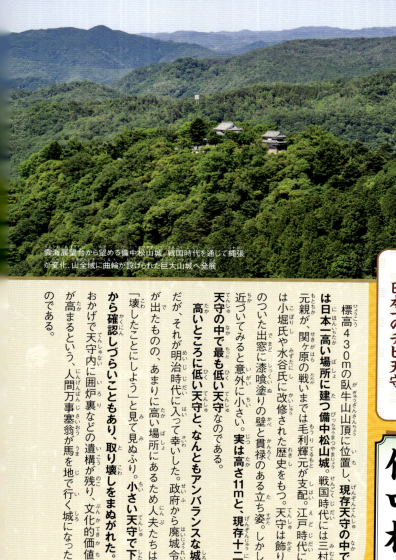

現《げん》存《ぞん》十《じゅう》二《に》天守《てんしゅ》のなかで一番《いちばん》背《せ》が低《ひく》いからと
舐《な》められがちな備中《びっちゅう》松《まつ》山城《やまじょう》だけど……
建《た》ってる場所《ばしょ》は一番高《いちばんたか》いんだからねっ!

福知山城《ふくちやまじょう》

立派《りっぱ》な城《しろ》の足元《あしもと》には本物《ほんもの》の墓石《ぼせき》!?

横山《よこやま》氏《し》の居城《きょじょう》だった城《しろ》を明智光秀《あけちみつひで》が整備《せいび》したのが福知山《ふくちやま》城《じょう》の始《はじ》まりだ。しかし、**気《き》になるのは城《しろ》を支《ささ》える石垣《いしがき》。**この石垣《いしがき》、よく見《み》ると墓石《ぼせき》らしい石《いし》がちらほら……**実《じつ》はこれ、本《ほん》物《もの》の墓石《ぼせき》である。**このとき光秀《みつひで》は信長《のぶなが》に中国《ちゅうごく》地方《ちほう》攻略《こうりゃく》を命《めい》じられており「早《はや》く城《しろ》をつくれ」と急《せ》かされていた。そこで近隣《きんりん》の墓石《ぼせき》や石塔《せきとう》などおよそ５００もの石材《せきざい》を運《はこ》び込《こ》み石垣《いしがき》に転用《てんよう》したのである。

とはいえ光秀《みつひで》が怖《こわ》いもの知《し》らずのバチあたりというわけではなく、この**転用石《てんようせき》は当時《とうじ》ではよくある手法《しゅほう》。**奈良《なら》の大和《やまと》郡山城《こおりやまじょう》の石垣《いしがき》には逆向《さかむ》きに突《つ》っ込《こ》まれた逆《さか》さ地蔵《じぞう》があり、白鷺城《しらさぎじょう》の愛称《あいしょう》で知《し》られる姫路城《ひめじじょう》には石棺《せきかん》やら石臼《いしうす》が、熊本《くまもと》城《じょう》にも観音《かんのん》が刻《きざ》まれた石仏《せきぶつ》が……、と全国《ぜんこく》の城《しろ》でよく見《み》られる。何《なん》なら**おまじない感覚《かんかく》で、わざと転用石《てんようせき》を使《つか》う城《しろ》もあったらしい。コスパと時間短縮《じかんたんしゅく》を目指《めざ》す武将《ぶしょう》たちの中間《ちゅうかん》管理職的《かんりしょくてき》な大変《たいへん》さが忍《しの》ばれる築城裏技《ちくじょううらわざ》だった。**

見どころ

転用石《てんようせき》を用《もち》いた天守台石垣《てんしゅだいいしがき》と廃城令《はいじょうれい》を免《まぬが》れた銅門番所《あかねもんばんしょ》。望楼《ぼうろう》からの眺望《ちょうぼう》も楽《たの》しめる

築城者	明智光秀《あけちみつひで》、秀満《ひでみつ》
築城年	天正《てんしょう》7年《ねん》（1579）
所在地	京都府《きょうとふ》福知山市《ふくちやまし》字内記《あざないき》

昭和《しょうわ》に復元《ふくげん》された三重三階《さんじゅうさんかい》の大《だい》天守《てんしゅ》と二重二階《にじゅうにかい》の小天守《しょうてんしゅ》。天守《てんしゅ》台石垣《だいいしがき》は光秀《みつひで》と同時代《どうじだい》のもの

ちなみに、墓石《ぼせき》や石仏《せきぶつ》を石垣《いしがき》に使《つか》うのは、
城《しろ》を悪《わる》いものから守《まも》る意味《いみ》もあったらしい
昔《むかし》と今《いま》の感覚《かんかく》の違《ちが》いが見《み》えておもしろいね

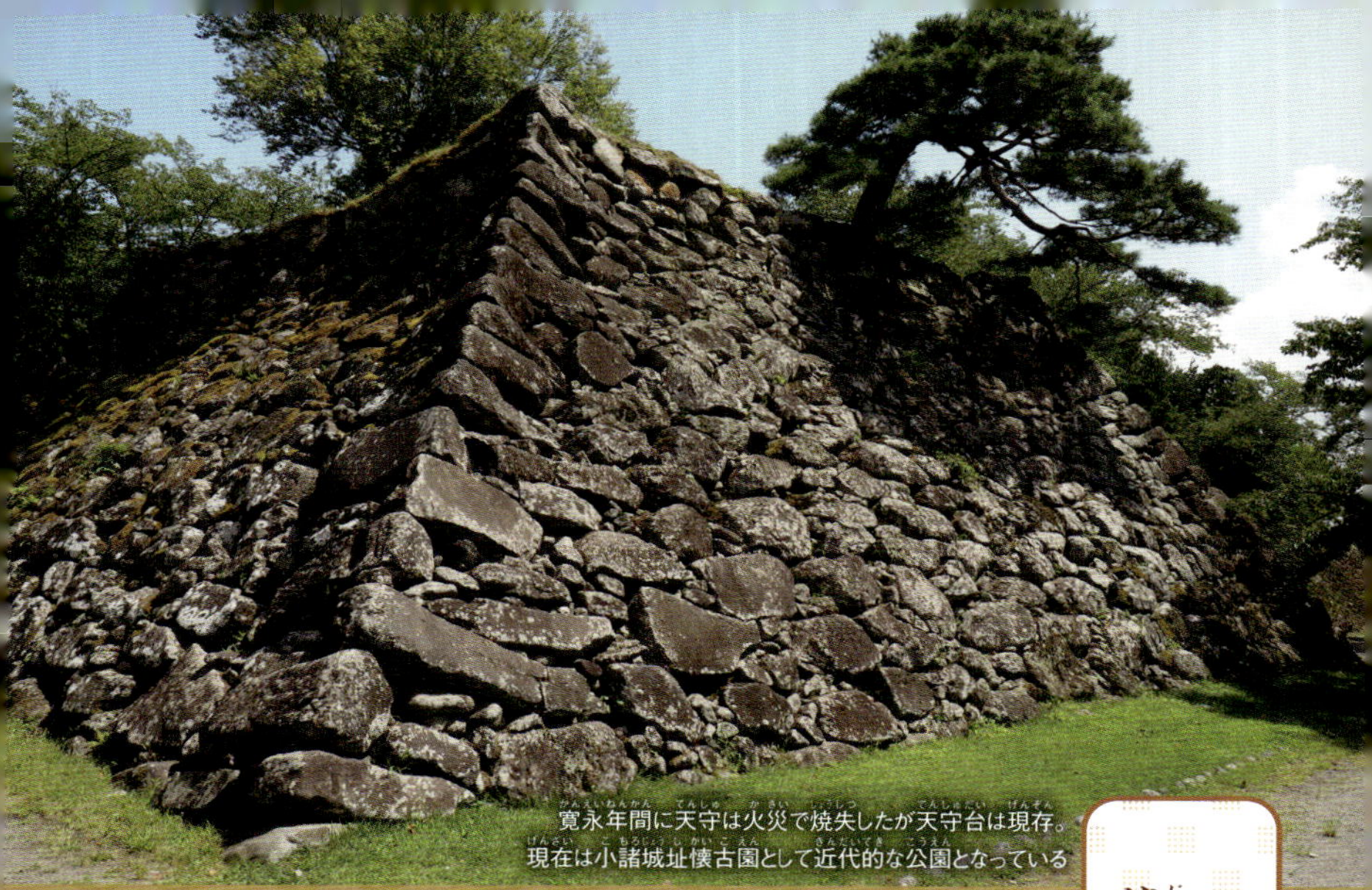

寛永年間《かんえいねんかん》に天守《てんしゅ》は火災《かさい》で焼失《しょうしつ》したが天守台《てんしゅだい》は現存《げんそん》。
現在《げんざい》は小諸城址懐古園《こもろじょうしかいこえん》として近代的《きんだいてき》な公園《こうえん》となっている

小《こ》諸《もろ》城《じょう》

お城《しろ》はどこに？ 城下町《じょうかまち》より低《ひく》い城《しろ》

城《しろ》と聞《き》いてイメージするのは、高《たか》くにそびえ立《た》つ立派《りっぱ》な天《てん》守《しゅ》だ。しかしそんなイメージを覆《くつがえ》すのが長野県《ながのけん》にある小諸《こもろ》城《じょう》。元々《もともと》この城《しろ》をつくったのは、武田信玄《たけだしんげん》の軍師《ぐんし》である山本《やまもと》勘助《かんすけ》。武田氏《たけだし》が滅《ほろ》んだ後《あと》は仙石秀久《せんごくひでひさ》が城《しろ》に入《はい》り、さらに近《きん》代風《だいふう》に整備《せいび》された。これほど**大事《だいじ》にされたのはここが関東《かんとう》と信濃《しなの》を結《むす》ぶ重要《じゅうよう》ポイントだったから**だ。

しかしこれほど大切《たいせつ》な城《しろ》であるのにもかかわらず、**この城《しろ》は城下町《じょうかまち》よりずっと低《ひく》い位置《いち》にある。**城《しろ》は、高所《こうしょ》から敵《てき》の様《よう》子《す》を把握《はあく》して撃退《げきたい》するのがセオリーなので、わりと致命的《ちめいてき》だ。城内《じょうない》で一番高《いちばんたか》いところにあるのが大手門《おおてもん》。一番大切《いちばんたいせつ》な本丸《ほんまる》はずっと坂道《さかみち》を降《お》りたところにあるため、城下町《じょうかまち》から城《しろ》を眺《なが》めることもできないという。**実《じつ》はこんな形《かたち》だが周囲《しゅうい》が断崖《だんがい》に囲《かこ》まれているので、**防御力《ぼうぎょりょく》はけっこう高《たか》め。しかしその見《み》た目《め》からついた**あだ名《な》は穴城《あなじょう》。**築城《ちくじょう》にかかわった勘助《かんすけ》や秀久《ひでひさ》は「これでも守《まも》りは固《かた》いから！」と憤慨《ふんがい》しているかもしれない。

見どころ

仙石秀久《せんごくひでひさ》が建《た》てた大手門《おおてもん》が現存《げんそん》。本丸《ほんまる》（懐古園《かいこえん》）は、市民《しみん》の憩《いこ》いの場《ば》である

築城者	武田信玄《たけだしんげん》
築城年	天文《てんぶん》23年《ねん》（1554）
所在地	長野県小諸市丁《ながのけんこもろしてい》

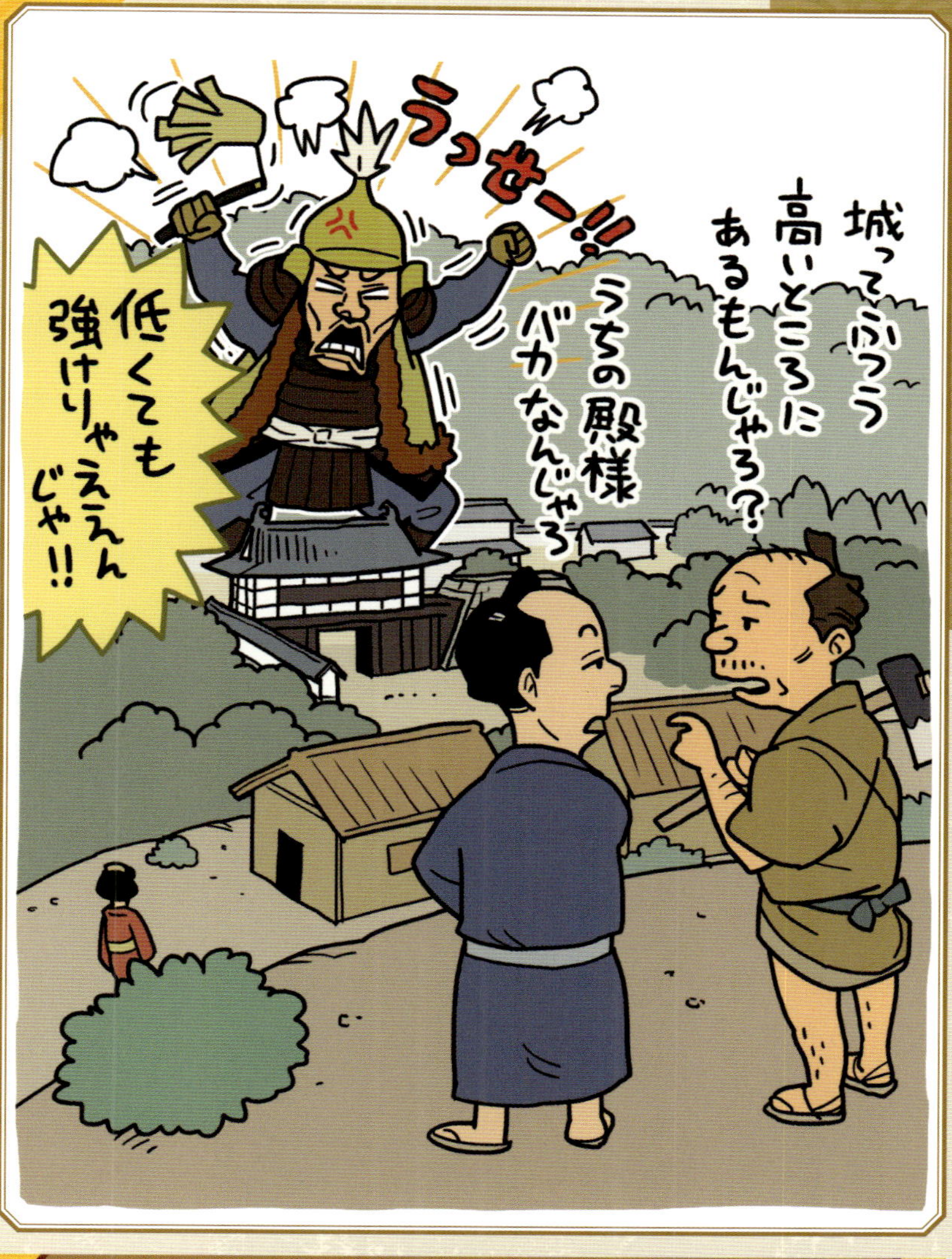

周囲《しゅうい》は断崖絶壁《だんがいぜっぺき》だから防御《ぼうぎょ》は大丈夫《だいじょうぶ》！
（実《じつ》は、本丸《ほんまる》も他《ほか》の曲輪《くるわ》より低《ひく》いから、
城《しろ》に侵入《しんにゅう》されたらヤバいのは、ナイショ）

登城準備《とじょうじゅんび》で見《み》落《お》としがちなこと

山城《やましろ》が建《た》つのは基本的《きほんてき》に険《けわ》しい山《やま》の上《うえ》。十分《じゅうぶん》な準備《じゅんび》なくして挑《いど》んではいけない

山城《やましろ》めぐりは事前準備《じぜんじゅんび》が大切《たいせつ》だ。観光地感覚《かんこうちかんかく》で登城《とじょう》できる近世城郭《きんせいじょうかく》と違《ちが》い、山城《やましろ》は準備《じゅんび》をしっかり整《ととの》えなければ、命取《いのちと》りになるからだ。

一方《いっぽう》で、山城《やましろ》ファンにとっては、登城《とじょう》の期待《きたい》が高《たか》まる楽《たの》しい時間《じかん》でもある。しかしながら、山城《やましろ》めぐりの準備《じゅんび》は大変《たいへん》だ。まず、必要《ひつよう》な情報《じょうほう》が多《おお》い。城《しろ》の所在地《しょざいち》は当然《とうぜん》ながら、道程《みちのり》、駐車場《ちゅうしゃじょう》、登城口《とじょうぐち》、登城《とじょう》ルート、縄張図《なわばりず》……etc。ガイド本《ぼん》に情報《じょうほう》がまとまっていればいいが、マイナーな城《しろ》の場合《ばあい》は、本《ほん》、パンフレット、ネットを漁《あさ》りに漁《あさ》ってやっと必要《ひつよう》な情報《じょうほう》がそろう……なんてことがざらだ。情報収集《じょうほうしゅうしゅう》に思《おも》ったよりも時間《じかん》がかかり、登城前日《とじょうぜんじつ》に会社《かいしゃ》でこっそりお城《しろ》を調《しら》べるハメになった……なんて経験談《けいけんだん》もよく聞《き》く。

お城歩《しろある》きの必需品《ひつじゅひん》・縄張図《なわばりず》も少々《しょうしょう》手間《てま》がかかる。縄張図《なわばりず》の入手方法《にゅうしゅほうほう》といえば、お城本《しろぼん》か自治体《じちたい》HPのパンフレットだが、どちらも持《も》ち歩《ある》くには不便《ふべん》。必要《ひつよう》なお城《しろ》だけ印刷《いんさつ》しなければいけないが、家《いえ》に印刷機《いんさつき》を備《そな》えている人《ひと》ってどのくらいいるのだろうか。なければコンビニなどでプリント……、お金《かね》かかるし面倒《めんどう》くさい……。やっぱり、会社《かいしゃ》でこっそりやっちゃう人《ひと》がいるようである。登城《とじょう》の準備《じゅんび》は計画的《けいかくてき》に。縄張図《なわばりず》の印刷《いんさつ》も計画的《けいかくてき》に。

第二章

それは違う！

鎌倉《かまくら》へ通《つう》じる切通《きりどお》しの一《ひと》つ「朝比奈切通《あさひなきりどお》し」。山《やま》を切《き》り開《ひら》いた険《けわ》しい道《みち》である

鎌倉城《かまくらじょう》

難攻不落《なんこうふらく》……でもなかった幻《まぼろし》の要塞都市《ようさいとし》

日本初《にほんはつ》の武家政権《ぶけせいけん》とされる鎌倉幕府《かまくらばくふ》。その本拠地《ほんきょち》が、名前《なまえ》の由来《ゆらい》になった鎌倉《かまくら》だ。三方《さんぽう》が山《やま》、残《のこ》る一方《いっぽう》が海《うみ》で、都市《とし》が丸《まる》ごと要塞《ようさい》のような土地《とち》である。

ここに**鎌倉城《かまくらじょう》という城《しろ》があった……らしい。**歯切《はぎ》れが悪《わる》くて申《もう》し訳《わけ》ないが、**本当《ほんとう》に城《しろ》があったのかイマイチよく分《わ》からないのである。**当時《とうじ》の資料《しりょう》に鎌倉城《かまくらじょう》の名前《なまえ》は出《で》てくるが、それっぽい遺構《いこう》は見《み》つかっていない。そもそも当時《とうじ》は城《しろ》の概念《がいねん》が現代《げんだい》と違《ちが》っていて、軍事施設《ぐんじしせつ》としての鎌倉全体《かまくらぜんたい》を鎌倉城《かまくらじょう》と呼《よ》んだのではないかともいわれている。

「都市全体《としぜんたい》が城《しろ》」なんてめちゃくちゃ強《つよ》そうだし、**実際《じっさい》に難攻不落《なんこうふらく》だった……らしい。幕府《ばくふ》が開《ひら》かれた当初《とうしょ》は。**鎌倉時代末期《かまくらじだいまっき》になると新田義貞《にったよしさだ》や北畠顕家《きたばたけあきいえ》に落《お》とされ、北条時行《ほうじょうときゆき》に奪還《だっかん》され……と、**何回《なんかい》も陥落《かんらく》している。**時代《じだい》とともに大規模《だいきぼ》になる合戦《かっせん》のトレンドについていけなかったようだ。

見どころ

鶴岡八幡宮《つるがおかはちまんぐう》など由緒《ゆいしょ》ある寺社《じしゃ》が目白押《めじろお》し！
7つある切通《きりどお》しも歩《ある》いてみよう

築城者	源 頼朝《みなもとのよりとも》
築城年	治承《じしょう》4年《ねん》（1180）
所在地	神奈川県鎌倉市《かながわけんかまくらし》

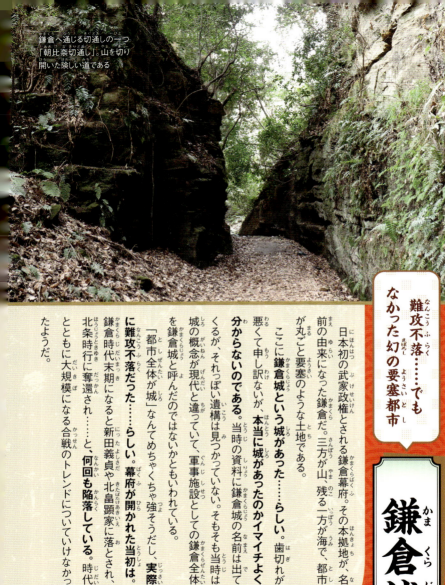

難攻不落《なんこうふらく》だったのは過去《かこ》のこと……
もう少《すこ》し早《はや》く気《き》づいていれば、
何度《なんど》も陥落《かんらく》することはなかったかも……?

本丸《ほんまる》に鎮座《ちんざ》する眞田神社《さなだじんじゃ》。名前《なまえ》からして真田推《さなだお》しだが、ちゃんと歴代城主全員《れきだいじょうしゅぜんいん》を祀《まつ》っている

上田城《うえだじょう》

一体《いったい》いつから真田《さなだ》の城《しろ》だと錯覚《さっかく》していた?

親子《おやこ》で活躍《かつやく》した戦国武将《せんごくぶしょう》といえば、真田昌幸《さなだまさゆき》・信繁親子《のぶしげおやこ》が人気者《にんきもの》だ。信濃《しなの》の小勢力《しょうせいりょく》が、のちに天下《てんか》を取《と》る徳川家《とくがわいえ》康《やす》・秀忠親子《ひでただおやこ》を二度《にど》も上田城《うえだじょう》で撃退《げきたい》した武勇伝《ぶゆうでん》は爽快《そうかい》である。

上田城《うえだじょう》の城内《じょうない》には眞田神社《さなだじんじゃ》があり、現代《げんだい》でも「真田《さなだ》の城《しろ》」ともてはやされている。しかしもともと上田城《うえだじょう》は、**昌幸《まさゆき》が家康《いえやす》にお金《かね》を出《だ》してもらって築《きず》いた城《しろ》なのだ!** 昌幸《まさゆき》がその城《しろ》をもらったまま家康《いえやす》を裏切《うらぎ》ったので、**家康《いえやす》にとっての上田城《うえだじょう》はブチ切《ぎ》れ案件城《あんけんじょう》にほかならない。**

さて、ここで考《かんが》えてみてほしい。家康《いえやす》は天下人《てんかびと》で、真田親《さなだおや》子《こ》は天下人《てんかびと》に逆《さか》らった。当然《とうぜん》、最終的《さいしゅうてき》に真田親子《さなだおやこ》は家康《いえやす》に負《ま》けている。そうとなれば家康《いえやす》が上田城《うえだじょう》を残《のこ》しておくはずはなく、関ケ原《せきがはら》の戦《たたか》い後《ご》に**上田城《うえだじょう》は徹底的《てっていてき》に破壊《はかい》された。**実《じつ》は、現存《げんそん》する上田城《うえだじょう》の遺構《いこう》は真田氏《さなだし》のあとに入《はい》った**仙石《せんごく》氏時代《しじだい》のもの。**全然《ぜんぜん》、真田《さなだ》の城《しろ》ではないのである。

見どころ

仙石氏《せんごくし》によってつくられた3基《き》の櫓《やぐら》が現存《げんそん》。門《もん》なども復元《ふくげん》されている

築城者	真田昌幸《さなだまさゆき》
築城年	天正《てんしょう》11年《ねん》(1583)
所在地	長野県上田市二《ながのけんうえだしに》の丸《まる》

～注意《ちゅうい》 ATTENTION!～
真田《さなだ》さん家《ち》は松代《まつしろ》に引《ひ》っ越《こ》しました!
ここは仙石家《せんごくけ》です! 真田《さなだ》さん家《ち》じゃありません!!

本丸《ほんまる》から見《み》た天守《てんしゅ》。かつての天守《てんしゅ》には及《およ》ばないものの、高《たか》さ約《やく》22mと大《おお》きい。

岸和田城《きしわだじょう》

スケールダウンしても生《う》まれる価値《かち》がある

豊臣政権《とよとみせいけん》の本拠地《ほんきょち》・大坂城《おおさかじょう》の南方《なんぽう》の守備《しゅび》を担当《たんとう》していた岸和田城《きしわだじょう》。選《えら》ばれし城《しろ》しか許《ゆる》されない五重天守《ごじゅうてんしゅ》があった点《てん》からも、重要《じゅうよう》な城《しろ》だったことが分《わ》かる。秀吉《ひでよし》の留守《るす》をねらって敵勢力《てきせいりょく》である紀州《きしゅう》の雑賀衆《さいかしゅう》と根来衆《ねごろしゅう》が攻《せ》め込《こ》んできたときには、**どこからともなく現《あらわ》れた巨大《きょだい》タコたちが敵《てき》をタコ殴《なぐ》りにして勝利《しょうり》したという伝説《でんせつ》**もある。レア装備《そうび》と不思議《ふしぎ》伝説《でんせつ》をあわせ持《も》つ、なかなか高《こう》ステータスな城《しろ》なのだ。

ところが……である。**自慢《じまん》の五重天守《ごじゅうてんしゅ》は江戸時代《えどじだい》に落雷《らくらい》で焼失《しょうしつ》**。さらに明治維新期《めいじいしんき》にも破却《はきゃく》が進《すす》み、現存《げんぞん》するのは堀《ほり》と石垣《いしがき》だけになってしまった。そして**昭和《しょうわ》に再建《さいけん》された天《てん》守閣《しゅかく》は三重《さんじゅう》にスケールダウン**……。少々悲《しょうしょうかな》しいが、高《たか》さ自《じ》体《たい》は五重時代《ごじゅうじだい》とほとんど同《おな》じという説《せつ》もある。しかも戦後《せんご》2番目《ばんめ》のスピード再建《さいけん》！ すでに70年以上《ねんいじょう》の歴史《れきし》があり、この再建天守《さいけんてんしゅ》自体《じたい》が歴史的価値《れきしてきかち》を持《も》つようになった。

築城者	不明《ふめい》
築城年	15世紀後半《せいきこうはん》？
所在地	大阪府岸和田市岸城町《おおさかふきしわだしきじょうちょう》

見どころ

復元《ふくげん》された天守《てんしゅ》。最上階《さいじょうかい》から見《み》る国《くに》の名勝《めいしょう》「八陣《はちじん》の庭《にわ》」もオススメだ

スケールダウンしてしまったのはざんねんだが、
高石垣上《たかいしがきじょう》にそびえるどっしりした姿《すがた》は風格《ふうかく》がある
ガンバレ! 今《いま》の町《まち》のシンボルは間違《まちが》いなくキミだ!

二《に》の曲輪中馬出《くるわなかうまだし》。長年《ながねん》、武田築造《たけだちくぞう》か徳川築造《とくがわちくぞう》か争《あらそ》われていたが、発掘調査《はっくつちょうさ》で徳川製《とくがわせい》であることが分《わ》かった

諏訪原城《すわはらじょう》

魔改造《まかいぞう》をほどこされた戦国最強築城術《せんごくさいきょうちくじょうじゅつ》

「人《ひと》は城《しろ》」と言《い》いつつ築城《ちくじょう》もかなり大切《たいせつ》にしていた甲斐《かい》の戦国武将《せんごくぶしょう》・武田信玄《たけだしんげん》は、オリジナルの築城術《ちくじょうじゅつ》で大量《たいりょう》の城《しろ》を築《きず》いた。隣国《りんごく》・駿河《するが》との国境《こっきょう》を守《まも》る重要任務《じゅうようにんむ》を与《あた》えられた諏訪原城《すわはらじょう》も武田氏《たけだし》の城《しろ》の一《ひと》つである。

このため**諏訪原城《すわはらじょう》は武田流築城術《たけだりゅうちくじょうじゅつ》を全部盛《ぜんぶも》りしたお手本《てほん》のような城《しろ》だった……らしい**のだが、今《いま》となってはもう分《わ》からない。なぜなら、武田氏《たけだし》が滅亡《めつぼう》した後《あと》に**徳川家康《とくがわいえやす》が改修《かいしゅう》してしまったからだ。**諏訪原城《すわはらじょう》には武田流築城術《たけだりゅうちくじょうじゅつ》の特徴《とくちょう》である丸馬出《まるうまだし》の遺構《いこう》などがきれいに残《のこ》っているが、**「家康《いえやす》がイジったあとかも……」という疑《うたが》いが常《つね》につきまとってモヤモヤする。**実《じつ》は、武田氏時代《たけだしじだい》の遺構《いこう》がはっきり残《のこ》っている城《しろ》は意外《いがい》と少《すく》ないのだ。

とはいえ家康《いえやす》は信玄《しんげん》をリスペクトしており、その城《しろ》を**「ぼくが考《かんが》える最強《さいきょう》」**に改造《かいぞう》するのはさぞ楽《たの》しかっただろう。その気持《きも》ちに免《めん》じて許《ゆる》してあげたい。

築城者	武田勝頼《たけだかつより》
築城年	天正元年《てんしょうがんねん》（1573）
所在地	静岡県島田市菊川《しずおかけんしまだしきくかわ》

見どころ

二《に》の曲輪《くるわ》を守《まも》る6つの馬出《うまだし》。特《とく》に二《に》の曲輪中馬出《くるわなかうまだし》と二《に》の曲輪大手馬出《くるわおおてうまだし》が巨大《きょだい》だ！

築城《ちくじょう》技術《ぎじゅつ》の発展《はってん》にはスクラップアンドビルドが重要《じゅうよう》
とはいえ、古い城《たけだのしろ》を少《すこ》しは残《のこ》してくれても……
てか、このシリーズの家康《いえやす》、いつも城壊《しろこわ》してない？

天守台《てんしゅだい》から見《み》た甲府城内《こうふじょうない》。右側《みぎがわ》の背《せ》の高《たか》いビルが城《しろ》のホテルだ

甲府城《こうふじょう》

信玄推《しんげんお》しは要注意《ようちゅうい》！全然関係《ぜんぜんかんけい》ない温泉《おんせん》

戦国武将《せんごくぶしょう》・武田信玄《たけだしんげん》の地元《じもと》である甲斐《かい》は温泉《おんせん》のパラダイス。**「信玄《しんげん》の隠《かく》し湯《ゆ》」と呼《よ》ばれる秘湯《ひとう》もたくさんあり**、信《しん》玄本人《げんほんにん》はもちろんのこと武田軍《たけだぐん》の家臣《かしん》や兵士《へいし》たちもこの隠《かく》し湯《ゆ》でバスタイムを楽《たの》しんだという。そんな武田家《たけだけ》のお膝元《ひざもと》である甲府《こうふ》の甲府城内《こうふじょうない》にもなんと温泉《おんせん》が湧《わ》いており、2020年《ねん》に**「城《しろ》で温泉《おんせん》を楽《たの》しめる」というウリのホテルがオープン**した。これは信玄《しんげん》の隠《かく》し湯《ゆ》に入《はい》るチャンス！……と思《おも》いきや、**この温泉《おんせん》に信玄《しんげん》が入《はい》ったという記録《きろく》はない。**

そもそも甲府城自体《こうふじょうじたい》が**武田家滅亡後《たけだけめつぼうご》に建《た》てられた城《しろ》で、武田氏《たけだし》とまったく関係《かんけい》ない。**歴代城主《れきだいじょうしゅ》は豊臣秀吉《とよとみひでよし》や徳川《とくがわ》家康《いえやす》の家臣《かしん》たちなのだ。とはいえ、甲府城《こうふじょう》が温泉付《おんせんつ》き物件《ぶっけん》という珍《めずら》しい城《しろ》であることは事実《じじつ》。まあ、元々一般人《もともといっぱんじん》立《た》ち入《い》り禁止《きんし》エリアの温泉《おんせん》で、城内《じょうない》の人《ひと》しか入《はい》れなかったのだからある意味《いみ》秘湯《ひとう》といえるかもしれない。

見どころ

甲府駅《こうふえき》に城域《じょういき》が分断《ぶんだん》されているが、天守台《てんしゅだい》などの石垣《いしがき》や復元《ふくげん》の門《もん》・櫓《やぐら》がある

築城者	平岩親吉《ひらいわちかよし》
築城年	天正《てんしょう》11年《ねん》（1583）
所在地	山梨県甲府市丸《やまなしけんこうふしまる》の内《うち》

まさか、こんな近《ちか》くに温泉《おんせん》があったとは……
温泉《おんせん》大好《だいす》き大名《だいみょう》・信玄痛恨《しんげんつうこん》のミス！
灯台《とうだい》もと暗《くら》しとはこのことか

城《しろ》の入《い》り口《ぐち》。小手森城《こでもりじょう》は撫《な》で斬《ぎ》り事件《じけん》の数年後《すうねんご》に廃城《はいじょう》となり、現在《げんざい》、城跡《しろあと》は神社《じんじゃ》になっている

小手森城《おでもりじょう》

死《し》んでる人《ひと》は殺《ころ》せないよね……？（困惑《こんわく》）

裏切《うらぎ》りは戦国時代《せんごくじだい》の日常茶飯事《にちじょうさはんじ》だが、裏切《うらぎ》る相手《あいて》を間違《まちが》えてはいけない。よりによって奥州《おうしゅう》の独眼竜《どくがんりゅう》・伊達政宗《だてまさむね》を裏《うら》切《ぎ》った大内定綱《おおうちさだつな》の悲劇《ひげき》とは——。

定綱《さだつな》の城《しろ》である小手森城《おでもりじょう》が、怒《いか》り心頭《しんとう》の政宗《まさむね》に包囲《ほうい》された。びびった定綱《さだつな》は逃《に》げたが、これが火《ひ》に油《あぶら》を注《そそ》いでしまう。なんと政宗《まさむね》は、**小手森城内《おでもりじょうない》の女性《じょせい》や子《こ》どもやワンコまで皆殺《みなごろ》し！** 自筆《じひつ》の書状《しょじょう》などによると、この「小手森城《おでもりじょう》の撫《な》で斬《ぎ》り」で２００とも８００とも１０００——これは盛《も》った感《かん》も否《いな》めないが——ともいわれる人《ひと》（と犬《いぬ》）の命《いのち》を奪《うば》ったという。

しかし、**撫《な》で斬《ぎ》りはなかったという説《せつ》もある。**小手森城《おでもりじょう》内《ない》の人々《ひとびと》は全員自害《ぜんいんじがい》したというのだ。敵《てき》がお先《さき》に死《し》んでしまったら、なんの手柄《てがら》も上《あ》げられない。これはだいぶカッコ悪《わる》いので、政宗《まさむね》は**しかたなく「俺《おれ》が皆殺《みなごろ》しにしてやったぜ！」と言《い》いふらす**しかなかった……らしい。

見どころ

本丸跡《ほんまるあと》には愛宕神社《あたごじんじゃ》が鎮座《ちんざ》。城内各所《じょうないかくしょ》に曲輪《くるわ》や石塁《せきるい》などが残《のこ》っている

築城者	不明《ふめい》
築城年	不明《ふめい》
所在地	福島県二本松市《ふくしまけんにほんまつし》針道愛宕森《はりみちあたごもり》

事実《じじつ》だったら「え、怖《こわ》っ」と引《ひ》かれ、
ウソだったら「ワル自慢《じまん》かよw」とバカにされる。
戦国大名《せんごくだいみょう》も楽《らく》じゃないよね

下赤坂城《しもあかさかじょう》。30万《まん》どころか1000人《にん》もいれば余裕《よゆう》で落《お》とせそうである

赤《あか》坂《さか》城《じょう》

写真加工《しゃしんかこう》アプリも びっくりの盛《も》り盛《も》り城《じょう》

南北朝時代《なんぼくちょうじだい》に活躍《かつやく》した智謀《ちぼう》の将《しょう》・楠木正成《くすのきまさしげ》のデビュー戦《せん》が赤坂城《あかさかじょう》の戦《たたか》いだ。軍記物語《ぐんきものがたり》『太平記《たいへいき》』によると、正成《まさしげ》は数々《かずかず》の奇策《きさく》で敵《てき》の鎌倉幕府軍《かまくらばくふぐん》を震《ふる》え上《あ》がらせたという。

この戦《たたか》いを描《えが》いた絵巻物《えまきもの》や浮世絵《うきよえ》には、立派《りっぱ》な石垣《いしがき》や塀《へい》を備《そな》えた赤坂城《あかさかじょう》の勇姿《ゆうし》が見《み》える。しかし、そんな堂々《どうどう》たるビジュアルは後世《こうせい》に盛《も》られたもの。**実際《じっさい》の赤坂城《あかさかじょう》は「とりまこれで合戦《かっせん》やっとく?」という感《かん》じの急《きゅう》ごしらえ城《しろ》**だった。このため幕府軍《ばくふぐん》に攻《せ》め落《お》とされ、一度《いちど》は正成《まさしげ》が奪還《だっかん》したが、結局《けっきょく》は落城《らくじょう》した。

しかも、『太平記《たいへいき》』では**30万《まん》の軍勢《ぐんぜい》に攻《せ》められたというが、当時《とうじ》の合戦《かっせん》の規模《きぼ》から考《かんが》えるとこれも盛《も》られている。**合戦《かっせん》の規模《きぼ》も城攻《しろぜ》めの技術《ぎじゅつ》もレベルが低《ひく》かった南北朝《なんぼくちょう》時代《じだい》、城《しろ》はとりま険《けわ》しい地形《ちけい》に建《た》っていればなんとかなったので、山城《やまじろ》の赤坂城《あかさかじょう》は**しょぼいつくりでも問題《もんだい》なかった**のだ。

築城者 楠木正成《くすのきまさしげ》
築城年 鎌倉時代末期《かまくらじだいまっき》
所在地 大阪府南河内郡《おおさかふみなみかわちぐん》千早赤阪村《ちはやあかさかむら》

見どころ
正成《まさしげ》が挙兵《きょへい》した下赤坂城《しもあかさかじょう》と幕府軍《ばくふぐん》を翻弄《ほんろう》した上赤坂城《かみあかさかじょう》は、(近《ちか》いけど)別《べつ》の城《しろ》なので注意《ちゅうい》!

『太平記《たいへいき》』は正成《まさしげ》とも面識《めんしき》のある
足利直義《あしかがただよし》監修《かんしゅう》のはずなのに、なぜこんなことに……
誰《だれ》も現地取材《げんちしゅざい》はしなかったのか……？

長篠城《ながしのじょう》。2本《ほん》の川《かわ》に削《けず》られて出来《でき》た河岸段丘《かがんだんきゅう》に建《た》つ城《しろ》である

あの有名合戦《ゆうめいかっせん》の舞台《ぶたい》……
じゃない城《しろ》

長《なが》篠《しの》城《じょう》

教科書《きょうかしょ》や戦国時代《せんごくじだい》の本《ほん》を開《ひら》くと必《かなら》ず載《の》っている「長篠《ながしの》の戦《たたか》い」。そう、織田信長《おだのぶなが》が大量《たいりょう》の鉄砲《てっぽう》を用《もち》いて武田勝頼《たけだかつより》を破《やぶ》った合戦《かっせん》だ。歴史《れきし》に興味《きょうみ》がなくてもたいていの人《ひと》が知《し》っているこの合戦《かっせん》。名前《なまえ》の由来《ゆらい》は、戦《たたか》いのきっかけとなった長篠《ながしの》城《じょう》。……ん？ きっかけになった城《しろ》？ そう、**有名《ゆうめい》な鉄砲戦《てっぽうせん》が行《おこな》われたのはこの城《しろ》ではない**のである。

長篠城《ながしのじょう》は三河《みかわ》（愛知県《あいちけん》）の城《しろ》で、徳川軍《とくがわぐん》と武田軍《たけだぐん》が領有《りょうゆう》を争《あらそ》っていた。徳川軍《とくがわぐん》に所属《しょぞく》していた時《とき》に武田勝頼《たけだかつより》が攻《せ》めてきたため、徳川家康《とくがわいえやす》が織田信長《おだのぶなが》にも協力《きょうりょく》してもらって救援《きゅうえん》に来《き》て起《お》こったのが長篠《ながしの》の戦《たたか》いなのだ。決戦《けっせん》が行《おこな》われたのは、**長篠城《ながしのじょう》から西《にし》に3～4㎞ほど離《はな》れた設楽原《したらがはら》**。長《なが》篠城跡《しのじょうあと》に行《い》ってみると分《わ》かるが、城《しろ》と設楽原《したらがはら》の間《あいだ》はけっこう起伏《きふく》のある地形《ちけい》のため、**城《しろ》から設楽原《したらがはら》は見《み》えない**。援《えん》軍《ぐん》が勝《か》ったのか負《ま》けたのか、城兵《じょうへい》からは見《み》えず、やきもきしたに違《ちが》いない。

見どころ

牛渕橋《うしぶちばし》から見《み》る
城《しろ》の全景《ぜんけい》は圧巻《あっかん》！ 本丸北《ほんまるきた》の
巨大《きょだい》な堀《ほり》も見応《みごた》えがある

築城者	菅沼元成《すがぬまもとなり》
築城年	永正《えいしょう》5年《ねん》（1508）
所在地	愛知県新城市長篠市場《あいちけんしんしろしながしのいちば》

オレたち生《い》きるか死《し》ぬかの瀬戸際《せとぎわ》なんだけど、
命運《めいうん》を左右《さゆう》する決戦《けっせん》が遠《とお》くて見《み》えない……!
ちょっと! 今《いま》どっちが勝《か》ってんの!?

対岸《たいがん》から見《み》た平戸城《ひらどじょう》。海《うみ》に浮《う》かぶ丘上《おかじょう》に天守《てんしゅ》と櫓《やぐら》が連《つら》なる様子《ようす》はとても美《うつく》しい

平戸城《ひらどじょう》

どーしても海《うみ》から見《み》える場所《ばしょ》に天守《てんしゅ》がほしかった!!

江戸時代《えどじだい》に築《きず》かれ、明治《めいじ》に廃城《はいじょう》となった平戸城《ひらどじょう》。平戸港《ひらどこう》を望《のぞ》む小高《こだか》い丘陵上《きゅうりょうじょう》に白壁《しろかべ》と下見板《したみいた》の櫓《やぐら》や門《もん》が並《なら》んでいた。港《みなと》から見《み》あげた、白亜《はくあ》の建物《たてもの》はさぞ美《うつく》しかっただろう。明治維新《めいじいしん》で廃城《はいじょう》になると、狸櫓《たぬきやぐら》と北虎口門《きたこぐちもん》以外《いがい》の建物《たてもの》は破却《はきゃく》されてしまうが、昭和《しょうわ》に建物《たてもの》を復元《ふくげん》する計画《けいかく》が持《も》ちあがった。見奏櫓《けんそうやぐら》、懐柔櫓《かいじゅうやぐら》、地蔵坂櫓《じぞうざかやぐら》……など多数《たすう》の櫓《やぐら》が復元《ふくげん》されることになったが、一《ひと》つ問題《もんだい》があった。**映《ば》えない、のである。**

平戸城《ひらどじょう》は天守《てんしゅ》がないため、二《に》の丸《まる》の乾櫓《いぬいやぐら》を代用《だいよう》にしていた。もちろん、復元計画《ふくげんけいかく》にはこの櫓《やぐら》も入《はい》っていたが、奥《おく》まった場所《ばしょ》にあるため海《うみ》から見《み》えない。**海《うみ》から見《み》える天守《てんしゅ》を諦《あきら》めきれなかったエラい人《ひと》たちは、乾櫓《いぬいやぐら》とは別《べつ》に天守《てんしゅ》をつくってしまう。**結果《けっか》、沖見櫓《おきみやぐら》という小《ち》さい櫓《やぐら》があった場所《ばしょ》に三重《さんじゅう》の模擬天守《もぎてんしゅ》が建《た》つが、やはりムリがあったようで、本丸側《ほんまるがわ》は**石垣《いしがき》から建物《たてもの》がはみ出《だ》してしまっている。**

見どころ

海《うみ》を望《のぞ》む丘陵上《きゅうりょうじょう》に、狸櫓《たぬきやぐら》などの現存建物《げんぞんたてもの》や模擬天守《もぎてんしゅ》などの復興建物《ふっこうたてもの》が並《なら》ぶ

築城者	松浦棟《まつらたかし》
築城年	宝永元年《ほうえいがんねん》(1704)
所在地	長崎県平戸市岩の上町《ながさきけんひらどしいわのうえちょう》

確《たし》かにここが一番《いちばん》絵《え》になるけどね?
小《ちい》さい櫓《やぐら》しかなかった場所《ばしょ》に
デカい天守《てんしゅ》を載《の》せるのは無理《むり》あるってぇ!

堂々《どうどう》たる天守《てんしゅ》(?)が建《た》つ熱海城《あたみじょう》。模擬天守《もぎてんしゅ》の中《なか》は、資料館《しりょうかん》や遊技場《ゆうぎじょう》となっている

熱海城《あたみじょう》

相模湾《さがみわん》を守《まも》る北条家《ほうじょうけ》の海城《うみじろ》(とは言《い》ってない)

麻《あさ》のように乱《みだ》れた戦国時代《せんごくじだい》の関東《かんとう》に5代《だい》100年《ねん》も君《くん》臨《りん》した北条氏《ほうじょうし》は、居城《きょじょう》の小田原城《おだわらじょう》を中心《ちゅうしん》とした城《しろ》のネットワークをつくって広《ひろ》い領地《りょうち》を管理《かんり》した。小田原城《おだわらじょう》が建《た》つ相模《さがみ》は海《うみ》に面《めん》した土地《とち》だ。北条氏《ほうじょうし》は三崎城《みさきじょう》や下田城《しもだじょう》など、海側《うみがわ》からの攻撃《こうげき》に備《そな》えたり水軍《すいぐん》を控《ひか》えさせたりする海城《うみじろ》も多《おお》く領有《りょうゆう》していた。相模湾《さがみわん》を臨《のぞ》む熱海《あたみ》の高台《たかだい》に築《きず》かれた**熱海城《あたみじょう》もそのような北条家《ほうじょうけ》の海城《うみじろ》の一《ひと》つ……ではありませ～ん！**

熱海城《あたみじょう》は北条《ほうじょう》となんの関係《かんけい》もないどころか、**ここに城《しろ》があった記録《きろく》もなにもない天守閣風観光施設《てんしゅかくふうかんこうしせつ》**で～す！　しかしもともと熱海《あたみ》が海水浴《かいすいよく》と温泉《おんせん》を楽《たの》しめるリゾート地《ち》なので、熱海城《あたみじょう》も観光地《かんこうち》としての人気《にんき》と知名度《ちめいど》は抜群《ばつぐん》である。城《しろ》が町《まち》のランドマークになる例《れい》はよくあるので、これもまた一《いっ》興《きょう》だろう。ここに城《しろ》がほしいと願《ねが》った北条《ほうじょう》の家臣《かしん》もいたようなので、実現《じつげん》して喜《よろこ》んでいるかもしれない。

見どころ
実在《じつざい》の城《しろ》じゃないのはざんねんだが、模擬天守《もぎてんしゅ》からの眺《なが》めは最高《さいこう》！

築城者	――
築城年	昭和《しょうわ》34年《ねん》(1959)
所在地	静岡県熱海市熱海《しずおかけんあたみしあたみ》

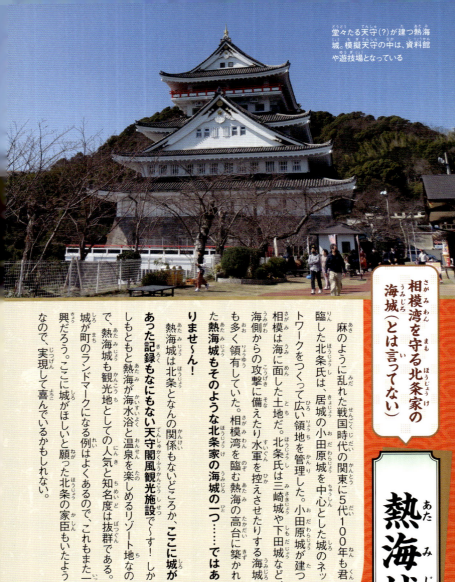

北条《ほうじょう》の城《しろ》ではないけれど、
映画《えいが》に出演《しゅつえん》していたり、意外《いがい》と由緒《ゆいしょ》(?)がある
あと、100年《ねん》もすれば文化財《ぶんかざい》になってるかも?

お城撮影《しろさつえい》をジャマするモノ

岡崎城天守《おかざきじょうてんしゅ》Before & After。2本《ほん》の松《まつ》が伐採《ばっさい》されたことで、天守《てんしゅ》がきれいに撮《さつ》影《えい》できるようになった

お城《しろ》に行《い》ったら天守《てんしゅ》や石垣《いしがき》、堀《ほり》などの遺構《いこう》をカメラで撮《と》りたいのが人情《にんじょう》というもの。帰《かえ》った後《あと》に見返《みかえ》せば思《おも》い出《で》がよみがえるし、「映《ば》え」にこだわったとっておきの1枚《まい》をSNSにアップする人《ひと》もいるだろう。

だが、「城《しろ》を撮《と》る」という行為《こうい》は意外《いがい》と難《むずか》しい。とくに山城《やまじろ》。まず、草《くさ》がジャマだ。堀底《ほりそこ》に茂《しげ》るヤブのせいで、せっかく撮影《さつえい》した堀《ほり》が浅《あさ》く見《み》えて、迫力《はくりょく》イマイチ……なんてことはざらだ。

草《くさ》とか関係《かんけい》なく撮影《さつえい》しにくい遺構《いこう》もある。竪堀《たてぼり》だ。上《うえ》から撮《と》ってもただの斜面《しゃめん》、横《よこ》や斜《なな》めから撮《と》っても何《なん》かへこんだ斜面《しゃめん》……と、どう撮《と》っても堀《ほり》に見《み》えない写真《しゃしん》になってしまう。竪堀《たてぼり》は、この道数十年《みちすうじゅうねん》のお城上級者《しろじょうきゅうしゃ》も頭《あたま》を悩《なや》ませるラスボスなのだ。

近世城郭《きんせいじょうかく》にもおジャマは多《おお》い。城内《じょうない》に植《う》えられた木々《きぎ》は、建物《たてもの》を引《ひ》きで撮《と》る時《とき》は写真《しゃしん》に彩《いろど》りを添《そ》えてくれるが、アップではすごくジャマだ。最近伐《さいきんばっ》採《さい》されたが、岡崎城《おかざきじょう》の天守前《てんしゅまえ》にのびる大《おお》きな2本松《にほんまつ》にイライラした人《ひと》は多《おお》いはず。

あと、近世城郭《きんせいじょうかく》は観光客《かんこうきゃく》が多《おお》いので、どうしても人《ひと》が映《うつ》りこむ。立派《りっぱ》な門《もん》を撮《と》りたいがために、人《ひと》がいなくなるまでカメラを構《かま》え、じっと待《ま》ち続《つづ》ける……、なんて経験《けいけん》をした人《ひと》も多《おお》いのでは?。

第三章

悲しすぎ……

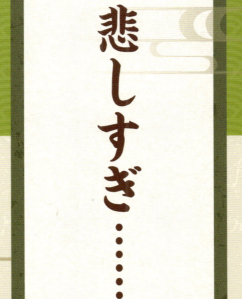

雲海《うんかい》に浮《う》かぶ竹田城《たけだじょう》。今《いま》の姿《すがた》は、天正《てんしょう》13年《ねん》（1585）に赤松広秀《あかまつひろひで》が石垣《いしがき》の城《しろ》へ整備《せいび》したもの

竹《たけ》田《だ》城《じょう》

あの絶景《ぜっけい》を拝《おが》むための厳《きび》しすぎる条件《じょうけん》

山上《さんじょう》の石垣群《いしがきぐん》が城跡《しろあと》ロマンを放《はな》ち、「天空《てんくう》の城《しろ》」「日本《にほん》のマチュピチュ」と称《たた》えられる竹田城《たけだじょう》。雲海《うんかい》に城《しろ》が浮《う》かぶような、秋《あき》のチョーゼツ美景《びけい》はあまりにも有名《ゆうめい》だ。あの絶景《ぜっけい》を観《み》たい！　撮《と》りたい！　と、秋《あき》の雲海《うんかい》シーズンには撮影《さつえい》スポットの立雲峡《りつうんきょう》と城跡《しろあと》に、多《おお》くの人《ひと》が訪《おとず》れる。しかし**絶景《ぜっけい》を拝《おが》む条件《じょうけん》は、とてもとても厳《きび》しい。**

時節《じせつ》は、おもに9月《がつ》～11月《がつ》の明《あ》け方《がた》から朝《あさ》8時《じ》くらいまで。暗《くら》いうちの登山《とざん》だ。すでに厳《きび》しい。さらに重要《じゅうよう》な気候条件《きこうじょうけん》は、①前日夜《ぜんじつよる》から明《あ》け方《がた》に向《む》けて気温《きおん》が下《さ》がり、日中《にっちゅう》にむけて上《あ》がる。寒暖差《かんだんさ》は10℃以上《いじょう》 ②当日朝《とうじつあさ》は晴《は》れで無風《むふう》 ③前日日中《ぜんじつにっちゅう》は温《あたた》かく高湿度《こうしつど》。あと、星《ほし》がきれいに見《み》えたり、高気圧《こうきあつ》におおわれるのもいい……**て、条件多《じょうけんおお》っ。**予定合《よていあ》わせるのムズっ。いや、**たとえこれらが揃《そろ》っても雲海《うんかい》が出《で》ないことだってある。**バッチリ装備《そうび》がムダになっても、仲間《なかま》がいるさ。悲《かな》しまないで、トライ・アゲイン!!

見どころ

南北《なんぼく》へ翼《つばさ》を広《ひろ》げたような縄張《なわばり》、天守台《てんしゅだい》からは段々状《だんだんじょう》の石垣《いしがき》が見下《みお》ろせる

築城者	山名宗全《やまなそうぜん》
築城年	嘉吉《かきつ》3年《ねん》（1443）
所在地	兵庫県朝来市和田山町《ひょうごけんあさごしわだやまちょう》

厳《きび》しい条件《じょうけん》を超《こ》えた先《さき》の景色《けしき》は確《たし》かに美《うつく》しいけど、
さすがに厳《きび》しすぎなのでは……？
築城者《ちくじょうしゃ》は妥協《だきょう》を許《ゆる》さない芸術派《げいじゅつは》だったのだろうか

令和《れいわ》に復元《ふくげん》された大手門《おおてもん》。学術調査《がくじゅつちょうさ》や発掘調《はっくつちょう》査《さ》をもとに、当時《とうじ》の工法《こうほう》で築《きず》かれた

水《み》戸《と》城《じょう》

不遇《ふぐう》っていうな！ 水戸《みと》はコレでいいんだ！

徳川家康晩年《とくがわいえやすばんねん》の息子《むすこ》たちを初代藩主《しょだいはんしゅ》とする、尾張《おわり》・紀伊《きい》・水戸《みと》の徳川御三家《とくがわごさんけ》。別格《べっかく》の家柄《いえがら》だが、**「水戸《みと》だけ不遇説《ふぐうせつ》」**を時《とき》おり耳《みみ》にする。尾張《おわり》・紀伊《きい》の名古屋城《なごやじょう》と和歌山城《わかやまじょう》は、威圧《いあつ》的《てき》で巨大《きょだい》な石垣《いしがき》の城《しろ》。**水戸城《みとじょう》だけが土《つち》の城《しろ》で天守《てんしゅ》がなく、**仲良《なかよ》しだった3代将軍家光《だいしょうぐんいえみつ》が進《すす》めた石垣化計画《いしがきかけいかく》も中止《ちゅうし》。天《てん》守《しゅ》代わりの御三階櫓《ごさんかいやぐら》も昭和《しょうわ》の戦災《せんさい》で焼失《しょうしつ》。……**でもきっと、関東《かんとう》ロームのツルツル土塁《どるい》で十分《じゅうぶん》と思《おも》ってた、はず。**

じゃあ石高《こくだか》と官職《かんしょく》は？ 尾張《おわり》62万石《まんごく》・権大納言《ごんだいなごん》。紀伊《きい》56万《まん》石《ごく》・権大納言《ごんだいなごん》。**そらいけ水戸《みと》、35万石《まんごく》・権中納言《ごんちゅうなごん》！**……てコレ、明《あき》らかに不遇《ふぐう》でしょ！

末《すえ》っ子《こ》だった初代《しょだい》は、兄《あに》たちのマウント合戦《かっせん》に、ちょっと引《ひ》いていたとか。イケイケじゃなく勉学《べんがく》の気風《きふう》のお家《いえ》で、2代目《だいめ》の黄門様《こうもんさま》は『大日本史《だいにほんし》』編《へん》さんの大事業《だいじぎょう》をなしとげた！ でも……これで**財政《ざいせい》は破綻《はたん》。**しかも幕末《ばくまつ》、意図《いと》せず水戸学《みとがく》は倒幕思想《とうばくしそう》の源流《げんりゅう》に。うーん、やっぱりなんか不遇《ふぐう》かも。

見どころ

三《さん》の丸西《まるにし》の巨大《きょだい》な空堀《からぼり》をはじめ、高低差《こうていさ》50mあるとされる空堀《からぼり》は迫力満点《はくりょくまんてん》

築城者	馬場資幹《ばばすけもと》
築城年	建久元年《けんきゅうがんねん》（1190）頃《ごろ》
所在地	茨城県水戸市三《いばらきけんみとしさん》の丸《まる》

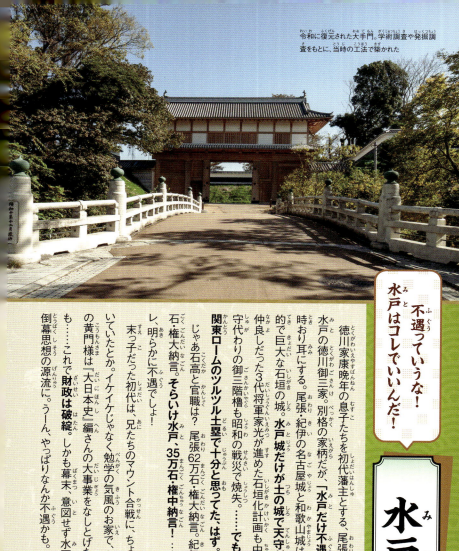

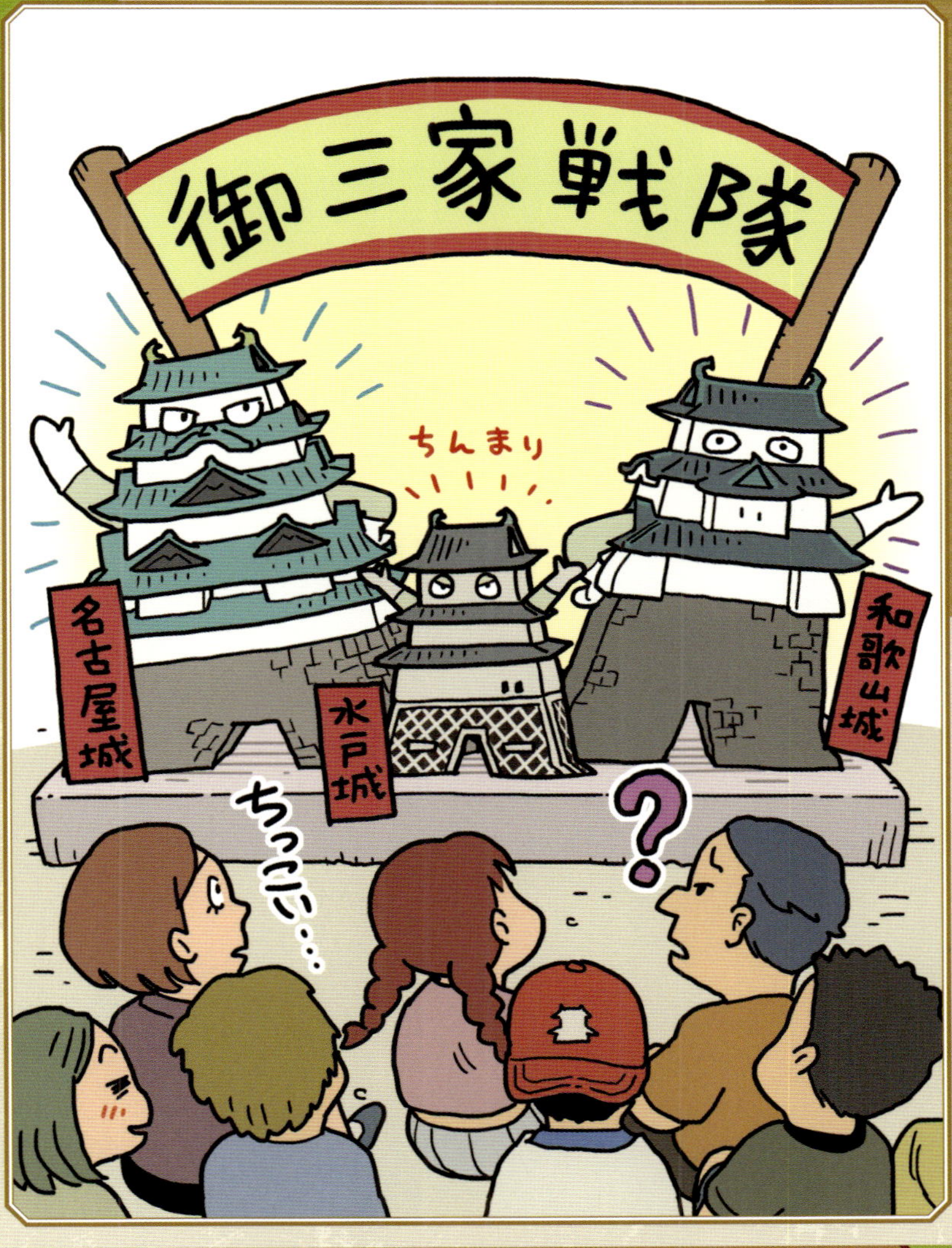

神君家康《しんくんいえやす》の末《すえ》っ子《こ》で、江戸《えど》に一番近《いちばんちか》い領地《りょうち》
一番優遇《いちばんゆうぐう》されそうなプロフなのに、何《なん》か地味《じみ》
いや、慎《つつ》ましいだけなんだ。きっとそう

江戸初期《えどしょき》の創建時《そうけんじ》につくられた巽櫓《たつみやぐら》。寺社建築風《じしゃけんちくふう》の軒《のき》の大《おお》きな屋根《やね》をもつ

園部城《そのべじょう》

無常《むじょう》の極《きわ》み「日本最後《にほんさいご》の城《しろ》」の最期《さいご》

旧園部藩《きゅうそのべはん》の城下町《じょうかまち》だった京都府南丹市園部町《きょうとふなんたんしそのべちょう》には、門《もん》や櫓《やぐら》など園部城《そのべじょう》の遺構《いこう》が数棟現存《すうとうげんぞん》する。

小藩《しょうはん》で城持《しろも》ち大名《だいみょう》ではなかった園部藩《そのべはん》の役所《やくしょ》は、江戸時代《えどじだい》をとおしてずっと「園部陣屋《そのべじんや》」だった。もちろん、**藩《はん》の悲願《ひがん》は城《しろ》を築《きず》くこと。**幕末《ばくまつ》の動乱《どうらん》で京都《きょうと》の治安《ちあん》が悪化《あっか》すると、最後《さいご》の藩主《はんしゅ》・小出英尚《こいでふさなお》は、都《みやこ》の守《まも》りの強化《きょうか》を！　と、幕府《ばくふ》から築城《ちくじょう》ＯＫの内諾《ないだく》をもぎ取《と》った。しかし、その直後《ちょくご》に**大政奉還《たいせいほうかん》で幕府《ばくふ》が消滅《しょうめつ》。**それでも英尚《ふさなお》はねばり強《つよ》く明治政府《めいじせいふ》にかけ合《あ》い、ついに正式《せいしき》ＯＫをゲットした。

そして明治維新後《めいじいしんご》の明治《めいじ》2年《ねん》（1869）、悲願《ひがん》の「園部城《そのべじょう》」が完成《かんせい》した。よくぞねばった、エラいぞ最後《さいご》の藩主《はんしゅ》！

……しかし、**この2年後《ねんご》に廃藩置県《はいはんちけん》、翌年《よくねん》には廃城《はいじょう》が決定《けってい》。**建物《たてもの》は払《はら》い下《さ》げられてしまった。築城《ちくじょう》を夢見《ゆめみ》て苦節《くせつ》260年《ねん》。明治《めいじ》に爆誕《ばくたん》した**城《しろ》は、たった3年《ねん》で夢《ゆめ》まぼろしと消《き》えてしまった。**「日本最後《にほんさいご》の城《しろ》」の最期《さいご》は、とびきり無常《むじょう》だ。

築城者	小出英尚《こいでふさなお》
築城年	明治元年《めいじがんねん》（1868）
所在地	京都府南丹市園部町《きょうとふなんたんしそのべちょう》

見どころ

現在《げんざい》は学校《がっこう》の敷地《しきち》となり、現存《げんぞん》する櫓門《やぐらもん》は校門《こうもん》として、巽櫓《たつみやぐら》は校内《こうない》の一角《いっかく》にある

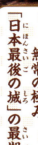

やっと築城許可《ちくじょうきょか》を得《え》たと思《おも》ったら、幕府《ばくふ》消滅《しょうめつ》。
やっと完成《かんせい》したと思《おも》ったら廃城《はいじょう》。
園部藩《そのべはん》よ、どこまでもついていない

土塁《どるい》の頂部右端《ちょうぶみぎはし》には樹齢《じゅれい》600年《ねん》の国指定天然記念物《くにしていてんねんきねんぶつ》「高瀬《たかせ》の大木《たいぼく》（ケヤキ）」がある

神指城《こうざしじょう》

そんなつもりじゃや……天下二分《てんかにぶん》の築城計画《ちくじょうけいかく》⁉

豊臣秀吉《とよとみひでよし》が世《よ》を去《さ》り、いよいよ徳川家康《とくがわいえやす》と石田三成《いしだみつなり》の対《たい》立《りつ》が深《ふか》まっていた頃《ころ》。会津《あいづ》の上杉景勝《うえすぎかげかつ》は、領国経営強化《りょうごくけいえいきょうか》のため新《あたら》しい城《しろ》を築《きず》き始《はじ》めていた。その面積《めんせき》はかの会津若松《あいづわかまつ》城《じょう》の2倍《ばい》、周囲《しゅうい》をスカッと見渡《みわた》せ、阿賀川《あががわ》の水運《すいうん》をガッツリ利用《りよう》できる巨大《きょだい》な平城《ひらじろ》だった。

ところがこれは、**天下取《てんかと》りをねらう家康《いえやす》にはかっこうのネタ。**「こんな時《とき》に城《しろ》を築《きず》くとは、上杉《うえすぎ》は反乱《はんらん》を企《くわだ》てておる！　成敗《せいばい》じゃ！」と、**上杉討伐《うえすぎとうばつ》の口実《こうじつ》にされ、**さらに家康《いえやす》の留守《るす》に**三成《みつなり》を蜂起《ほうき》させるためのエサにもされてしまった。**かくして関ケ原《せきがはら》の戦《たたか》いは起《お》こり、家康《いえやす》は天下《てんか》を手《て》にした。

西軍《せいぐん》についた景勝《かげかつ》は大幅減封《おおはばげんぽう》。**築城《ちくじょう》がお家没落《いえぼつらく》のきっかけになってしまうとは。**未完成《みかんせい》で放置《ほうち》された城跡《しろあと》から出《しゅつ》土《ど》する石垣《いしがき》や漆器《しっき》などを見《み》ると、完成《かんせい》を夢見《ゆめみ》る上杉家《うえすぎけ》の面々《めんめん》の、キラキラ笑顔《えがお》が思《おも》い浮《う》かぶようだ。だだっ広《ひろ》い城跡《しろあと》には、ヒューと風《かぜ》が吹《ふ》き抜《ぬ》けるだけで、ただ悲《かな》しい……。

築城者	上杉景勝《うえすぎかげかつ》
築城年	慶長《けいちょう》5年《ねん》（1600）
所在地	福島県会津若松市神指町《ふくしまけんあいづわかまつしこうざしまち》

見どころ

54mほどの堀《ほり》が巡《めぐ》る、二《に》の丸《まる》の土塁《どるい》。自然石《しぜんせき》を用《もち》いて築《きず》かれた石垣《いしがき》も確認《かくにん》されている

歴史《れきし》に名《な》を残《のこ》す豪勢《ごうせい》な城《しろ》になるはずだった。
堀《ほり》もつくり終《お》えたのに、設計《せっけい》もできていたのに！
戦《いくさ》に負《ま》けたばかりに……くやしい……！

幕府《ばくふ》の政庁《せいちょう》で、将軍《しょうぐん》の住居《じゅうきょ》でもあった本丸御殿《ほんまるごてん》は、現在《げんざい》、皇居東御苑《こうきょひがしぎょえん》となっている

将軍《しょうぐん》の城《しろ》スルーされがち問題《もんだい》

江戸城《えどじょう》

江戸時代《えどじだい》、幕府《ばくふ》の政庁《せいちょう》・将軍《しょうぐん》の城《しろ》として君臨《くんりん》した江戸《えど》城《じょう》。江戸幕府《えどばくふ》を開《ひら》いた徳川家康《とくがわいえやす》は、2年後《ねんご》には将軍職《しょうぐんしょく》を子《こ》の秀忠《ひでただ》にゆずり、江戸城《えどじょう》から駿府城《すんぷじょう》にうつって隠居《いんきょ》し、大御所《おおごしょ》と呼《よ》ばれた。しかし家康《いえやす》は、駿府《すんぷ》でひきつづき「大《おお》御所政治《ごしょせいじ》」をバリバリ行《おこな》った。

いや、秀忠《ひでただ》にも将軍《しょうぐん》の権限《けんげん》がちゃんとあって役割分担《やくわりぶんたん》していたのだ。でも、やっぱり、**実質的《じっしつてき》に国《くに》を動《うご》かしていたのは家康《いえやす》だった。**「駿府政権《すんぷせいけん》」といわれるほど、駿府城《すんぷじょう》に人材《じんざい》が集結《しゅうけつ》。大名《だいみょう》は江戸《えど》より駿府《すんぷ》の動向《どうこう》が気《き》になるから、天下《てんか》の将軍《しょうぐん》の城《しろ》なのに、**江戸城《えどじょう》はスルーされがちに。**戦国《せんごく》を生《い》き抜《ぬ》いた百戦錬磨《ひゃくせんれんま》の大《おお》ダヌキ・家康《いえやす》は、どこにいたって生《い》きてるだけで破格《はかく》のリーダーなのだ。ああ、2代目《だいめ》の悲《かな》しさよ……。

しかし**江戸城《えどじょう》よ、キミが秀忠《ひでただ》クンに寄《よ》りそっていたから、彼《かれ》の心《こころ》と将軍《しょうぐん》の権威《けんい》は守《まも》られた。**だって父《ちち》の死後《しご》、彼《かれ》は立派《りっぱ》に幕府《ばくふ》の体制《たいせい》を確立《かくりつ》させたのだから！

築城者	太田道灌《おおたどうかん》
築城年	康正《こうせい》2年《ねん》（1456）
所在地	東京都千代田区千代田《とうきょうとちよだくちよだ》

見どころ

約《やく》14kmにおよぶ、日本一大《にほんいちおお》きい外濠《そとぼり》のほか、内堀《うちぼり》に築《きず》かれた巨大《きょだい》な石垣《いしがき》も見《み》どころ

城《しろ》や町《まち》の整備《せいび》、政府《せいふ》の体制《たいせい》も整《ととの》えたけれど、
父《ちち》のカリスマ性《せい》には敵《かな》わなかった
偉大《いだい》すぎる父《ちち》を持《も》つの……つら……

鬼城山《きのじょうざん》に復元《ふくげん》された鬼ノ城西門《きのじょうにしもん》。文献《ぶんけん》に名前《なまえ》が出《で》てこない、謎多《なぞおお》き城《しろ》だ

古《こ》代《だい》山《さん》城《じょう》

備《そな》えすぎ皇子《おうじ》とかわいそうな山城《やまじろ》たちのお話《はなし》

お城《しろ》ブームに乗《の》り、整備《せいび》・復元《ふくげん》されはじめた古代山城《こだいさんじょう》。字《じ》のごとく、古代《こだい》に築《きず》かれた山城《やまじろ》だ。斉明天皇《さいめいてんのう》のころ、日本《にほん》・百《く》済《だら》連合軍《れんごうぐん》VS唐《とう》・新羅《しらぎ》連合軍《れんごうぐん》が海上《かいじょう》でぶつかった白村江《はくすきのえ》の戦《たたか》い。日本《にほん》と百済《くだら》はボロ負《ま》けし、**唐《とう》や新羅《しらぎ》が日本《にほん》に攻《せ》め込《こ》むかもしれない危機《きき》で、ガクブル状態《じょうたい》**に。当時《とうじ》の実質最高権力《じっしつさいこうけんりょく》者《しゃ》・中大兄皇子《なかのおおえのおうじ》（のち天智天皇《てんじてんのう》）は、「ぜぜ絶対《ぜったい》に国《くに》を守《まも》る！」と、九州《きゅうしゅう》・瀬戸内《せとうち》地域《ちいき》を中心《ちゅうしん》とした山《やま》の上《うえ》に、突《つ》き固《かた》めた版築土塁《はんちくどるい》と大規模《だいきぼ》な石垣《いしがき》で囲《かこ》んだ、ガッチガチの山城《やまじろ》を築《きず》いた。**その数《かず》、少なくとも30城《じょう》ほど。**

それから日々海上《ひびかいじょう》に目《め》を凝《こ》らしてオラオラ態勢《たいせい》を続《つづ》けたものの……**ついに唐《とう》も新羅《しらぎ》も現《あらわ》れなかった。**いつしか国交《こっこう》は正常化《せいじょうか》し、当時《とうじ》の最先端技術《さいせんたんぎじゅつ》だった朝鮮《ちょうせん》の築城技術《ちくじょうぎじゅつ》も伝《でん》承《しょう》されないまま、山城《やまじろ》たちは次第《しだい》に無用《むよう》のハコモノとなり廃《はい》墟化《きょか》してしまった。**備《そな》えすぎて憂《うれ》い深《ふか》し。**かわいそうな山城《やまじろ》たちに、今《いま》こそ日《ひ》の目《め》を！

見どころ

朝鮮式《ちょうせんしき》の石垣《いしがき》や版築《はんちく》の城壁《じょうへき》など、戦国《せんごく》の城《しろ》とは異《こと》なる遺構《いこう》が見《み》られる

築城者	大和朝廷《やまとちょうてい》
築城年	7世紀後半《せいきこうはん》
所在地	岡山県総社市《おかやまけんそうじゃし》ほか

国《くに》を守《まも》ろうと、巨大《きょだい》な城壁《じょうへき》を築《きず》いたけど、
あれ、誰《だれ》も来《こ》ない？ 無駄《むだ》なハコモノになっちゃった
「適当《てきとう》」でいることも大切《たいせつ》だね

城内《じょうない》最大《さいだい》規模である小宮曲輪《こみやくるわ》の堀《ほり》。深《ふか》さは場所《ばしょ》によっては10mを超える

落《お》ちてないのに……
お役御免《やくごめん》てひどくない？

滝《たき》山《やま》城《じょう》

川越街道《かわごえかいどう》に近《ちか》い、多摩川《たまがわ》と秋川《あきかわ》の合流地点《ごうりゅうちてん》の丘《おか》の上《うえ》。この重要拠点《じゅうようきょてん》に位置《いち》する滝山城《たきやまじょう》は、北条氏《ほうじょうし》が上杉謙信《うえすぎけんしん》の関東《かんとう》遠征対策《えんせいたいさく》に大改修《だいかいしゅう》し、北条氏照《ほうじょううじてる》が居城《きょじょう》とした山城《やまじろ》である。

「よし来《こ》い、謙信《けんしん》！」と待《ま》ち構《かま》えていたが、そこに攻《せ》めよせたのは、**兵力差《へいりょくさ》10倍《ばい》の武田信玄《たけだしんげん》だった。**なんの、いずれも当代《とうだい》の名将《めいしょう》。技巧《ぎこう》を凝《こ》らしたこの山城《やまじろ》の相手《あいて》に不足《ふそく》ナ〜シ！ だったが、さすがの猛攻《もうこう》で三《さん》の丸《まる》まで侵入《しんにゅう》を許《ゆる》した。しかし**落《らく》城《じょう》はせず、武田軍《たけだぐん》は撤退《てったい》。**グッジョブ、滝山城《たきやまじょう》！

ところが城主《じょうしゅ》の氏照《うじてる》は不服《ふふく》だったらしく、もっともっと守《まも》りの堅《かた》い城《しろ》を築《きず》くべしと、**滝山城《たきやまじょう》をあっさり放棄《ほうき》。**サッサと八王子城《はちおうじじょう》にお引《ひ》っ越《こ》ししてしまったのだ。

いまや遺構《いこう》がしっかり残《のこ》った「土《つち》の城《しろ》の教科書《きょうかしょ》」として人《にん》気《き》の山城《やまじろ》になっているが、**信玄相手《しんげんあいて》で落城《らくじょう》もしていないのに、20歳《さい》ほどでお役御免《やくごめん》**をくらった滝山城《たきやまじょう》は、とっても気《き》の毒《どく》だった。

築城者	大石定重《おおいしさだしげ》
築城年	大永元年《たいえいがんねん》（1521）頃《ごろ》
所在地	東京都八王子市高月町《とうきょうとはちおうじしたかつきまち》

見どころ

高低差《こうていさ》や枡形虎口《ますがたこぐち》や馬出《うまだし》を多用《たよう》した、複雑《ふくざつ》な構造《こうぞう》で敵《てき》を翻弄《ほんろう》、攻撃《こうげき》を防《ふせ》いだ

ここで放棄《ほうき》されたから、深《ふか》い横堀《よこぼり》や
複雑《ふくざつ》な縄張《なわばり》が保存《ほぞん》された、ともいえるけど……
やっぱり、城《しろ》として最後《さいご》まで使《つか》ってほしかったよね

現在《げんざい》の大阪城《おおさかじょう》の全景《ぜんけい》。戦前《せんぜん》に復興《ふっこう》された大《おお》阪城《さかじょう》の天守《てんしゅ》はRCづくりで、有形文化財《ゆうけいぶんかざい》にも指定《してい》された大阪《おおさか》のシンボル

大《おお》阪《さか》城《じょう》

なにわっ子《こ》もツッコむお城《しろ》燃《も》えすぎやろ！

太閤《たいこう》はんの城《しろ》、そして江戸幕府《えどばくふ》の西《にし》の大拠点《だいきょてん》だった大坂《おおさか》城《じょう》。豊臣《とよとみ》・徳川《とくがわ》時代《じだい》を通《とお》して最強《さいきょう》クラスの堅固《けんご》な名城《めいじょう》だった。大坂冬《おおさかふゆ》の陣《じん》では、10万《まん》超《ご》えの兵力《へいりょく》で攻《せ》めたってビクともしなかったが、**実《じつ》は火《ひ》には何度《なんど》もやられている。**

もっとも有名《ゆうめい》なのは、**大坂夏《おおさかなつ》の陣《じん》の落城時《らくじょうじ》の炎上《えんじょう》**だろう。その後《ご》、江戸幕府《えどばくふ》が現在《げんざい》の姿《すがた》に大坂城《おおさかじょう》を再建《さいけん》したが、江戸《えど》時代《じだい》に3度《ど》の落雷《らくらい》をくらって火災《かさい》が起《お》き、**2度目《どめ》の時《とき》に天《てん》守《しゅ》が焼《や》け落《お》ちている。**さらに幕末《ばくまつ》、**新政府軍《しんせいふぐん》への引《ひ》き渡《わた》し中《ちゅう》に出火《しゅっか》し、建造物《けんぞうぶつ》のほとんどが焼失《しょうしつ》**した。これは、燃《も》えすぎやろ！　とツッコまれてトーゼンである。

さらにその後《ご》、大阪城《おおさかじょう》は陸軍用地《りくぐんようち》となり、大砲《たいほう》など重火《じゅうか》器《き》がつくられていた。……もうヤケクソやん。そういえば前身《ぜんしん》である石山本願寺《いしやまほんがんじ》も、織田信長《おだのぶなが》に明《あ》け渡《わた》した後《あと》に大炎上《だいえんじょう》したというから、火《ひ》ダネはずっと残《のこ》っていたのかも？　……うまいこと言《い》わんでエエねーん！　もう燃《も》えんといてな。

見どころ

現在《げんざい》の大阪城天守《おおさかじょうてんしゅ》は、豊臣《とよとみ》の形式《けいしき》と徳川《とくがわ》の形式《けいしき》を融合《ゆうごう》させたハイブリット構造《こうぞう》

築城者	豊臣秀吉《とよとみひでよし》
築城年	天正《てんしょう》11年《ねん》（1583）
所在地	大阪《おおさか》府《ふ》大阪《おおさか》市《し》中央《ちゅうおう》区《く》 大阪城《おおさかじょう》

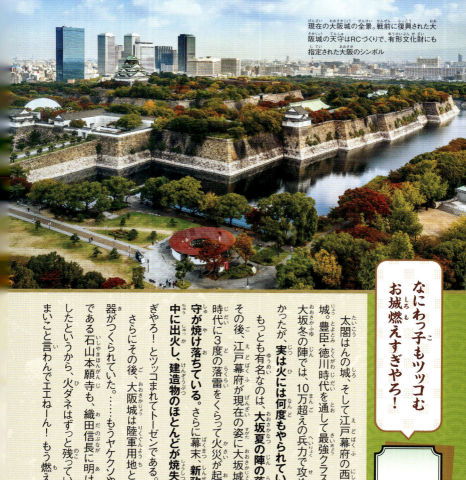

最強《さいきょう》の城《しろ》も炎《ほのお》には敵《かな》わん……
せやから、3代目《だいめ》は鉄筋《てっきん》コンクリート製《せい》にすんで！
おかげで94歳《さい》の長命《ちょうめい》に。まだまだ長生《ながい》きしてや〜

関東《かんとう》の石垣《いしがき》の城《しろ》としても有名《ゆうめい》。高《たか》石垣《いしがき》や土塁《どるい》など、攻撃《こうげき》を防《ふせ》ぐさまざまな工夫《くふう》が見《み》られる

唐沢山城《からさわやまじょう》

そんなのアリ？ 手《て》のひら返《かえ》しが早《はや》すぎる！

下野《しもつけ》・上野国境《こうずけくにざかい》に近《ちか》い唐沢山城《からさわやまじょう》は、高石垣《たかいしがき》を多用《たよう》した堅《けん》固《ご》な山城《やまじろ》で、城主《じょうしゅ》の佐野氏《さのし》は、越後《えちご》の上杉氏《うえすぎし》と関東《かんとう》の北《ほう》条《じょう》氏に何度《なんど》も攻《せ》められた。しかし、**なんだかんだで江戸初《えどしょ》期《き》まで城《しろ》は存続《そんぞく》**。その方法《ほうほう》が、悲《かな》しいほどスゴい。

それは、素早《すばや》い手《て》のひら返《かえ》し。上杉《うえすぎ》に攻《せ》められれば上杉《うえすぎ》の配下《はいか》に、北条《ほうじょう》に攻《せ》められれば寝返《ねがえ》って北条《ほうじょう》に降伏《こうふく》、といった具合《ぐあい》だ。上杉配下《うえすぎはいか》の時《とき》に城《しろ》が北条《ほうじょう》に包囲《ほうい》され、義《ぎ》の人《ひと》・謙信《けんしん》が決死《けっし》の救出劇《きゅうしゅつげき》を行《おこな》った。でも、ソレはソレ。以降《いこう》、昌綱《まさつな》は**上《うえ》杉《すぎ》・北条《ほうじょう》の間《あいだ》を素早《すばや》い手《て》のひら返《かえ》しで飛《と》び移《うつ》り**、なんだかんだで城《しろ》と家《いえ》を守《まも》った。

昌綱《まさつな》死後《しご》も**お家芸《いえげい》のように、北条《ほうじょう》、豊臣《とよとみ》、徳川《とくがわ》と、ヒラヒラ～を続《つづ》けた**が、最後《さいご》は「江戸《えど》に近《ちか》すぎ」「江戸《えど》を見下《みお》ろすな」などの**イチャモン（?）で廃城《はいじょう》になった。**

卑怯者《ひきょうもの》？ いや、悲《かな》しいかな乱世《らんせい》の小領主《しょうりょうしゅ》はこれが普通《ふつう》。まぁ、ちょっと**ヒラヒラが早《はや》すぎ＆多《おお》すぎ**ではあったけど。

築城者	藤原秀郷《ふじわらひでさと》
築城年	延長《えんちょう》5年《ねん》（927）？
所在地	栃木県佐野市富士町《とちぎけんさのしふじまち》

見どころ

本丸南西《ほんまるなんせい》の石垣《いしがき》は西日本《にしにほん》の技術《ぎじゅつ》で築《きず》かれ、約《やく》40m、高《たか》さ約《やく》8mと圧巻《あっかん》の大《おお》きさ

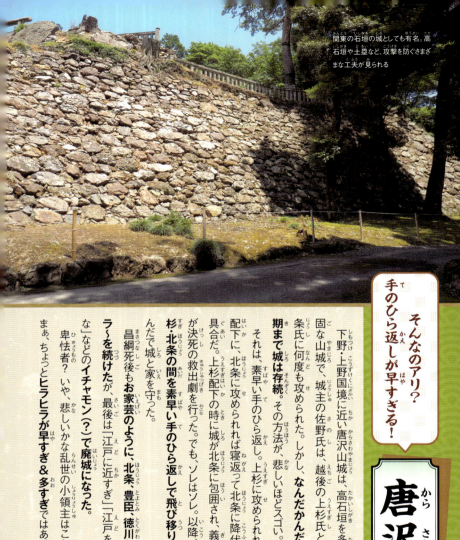

得意《とくい》の八方美人《はっぽうびじん》でここまで生《い》き延《の》びた!
けど、少《すこ》しぐらい誠実《せいじつ》さを見《み》せた方《ほう》がよかったかもね
いろんな大名《だいみょう》の顔色《かおいろ》を伺《うかが》う、小領主《しょうりょうしゅ》はつらいよ

乱後《らんご》、石垣《いしがき》は徹底的《てっていてき》に破壊《はかい》されている。城内《じょうない》には崩《くず》れた石垣《いしがき》が散乱《さんらん》している

名護屋城《なごやじょう》

なぜにここまで？ ボロボロすぎる夢《ゆめ》の跡《あと》

太閤豊臣秀吉《たいこうとよとみひでよし》が号令《ごうれい》した、朝鮮出兵《ちょうせんしゅっぺい》の拠点《きょてん》として築《きず》かれた名護屋城《なごやじょう》。撤退《てったい》までの7年間《ねんかん》だけ使《つか》われた城《しろ》だが、**五重《ごじゅう》天守《てんしゅ》がドーンの、大坂城《おおさかじょう》に次《つ》ぐ巨城《きょじょう》だった。**諸大名《しょだいみょう》の陣屋《じんや》がひしめき、20万人《まんにん》以上《いじょう》が行《い》き交《か》ったさまは、さながら**都《みやこ》のにぎわい**だっただろう。

つかのまの都《みやこ》。ちょっと惹《ひ》かれるワードだが、この城跡《しろあと》、近年整備《きんねんせいび》が進《すす》んでいるとはいえ、天下人《てんかびと》の城《しろ》の威容《いよう》は……ちょっと分《わ》からない。広《ひろ》いのは分《わ》かる。でもがらーんとして、**都《みやこ》のようなにぎわいはとても想像《そうぞう》できない。**残存石垣《ざんぞんいしがき》でめっぽう萌《も》える城好《しろず》きも、ボロボロ具合《ぐあい》に少々驚《しょうしょうおどろ》くとか。

それもそのはず、**この城《しろ》は江戸時代《えどじだい》に意図的《いとてき》に破壊《はかい》されている。**一国一城令《いっこくいちじょうれい》によるものではなく、破城《はじょう》は島原《しまばら》・天草一揆《あまくさいっき》の後《あと》だという。原城《はらじょう》みたいに反幕勢力《はんばくせいりょく》に使《つか》われるのが怖《こわ》かったのだ。徹底《てってい》した破壊《はかい》ぶりは、幕府《ばくふ》のショックの現《あらわ》れ。秀吉《ひでよし》の夢《ゆめ》の跡《あと》には、ただ大陸《たいりく》からの風《かぜ》が吹《ふ》き抜《ぬ》ける……。

築城者	豊臣秀吉《とよとみひでよし》
築城年	天正《てんしょう》19年《ねん》（1591）
所在地	佐賀県唐津市鎮西町《さがけんからつしちんぜいまち》

見どころ

城周辺《しろしゅうへん》には、徳川家康《とくがわいえやす》を含《ふく》め各大名《かくだいみょう》の陣跡《じんあと》が残《のこ》る。そのうち23カ所《しょ》は特別史跡《とくべつしせき》

堅固《けんご》な城《しろ》を敵《てき》に渡《わた》したくない気持《きも》ち、
すごく分《わ》かるよ。だけどさ……
ここまで破壊《はかい》する必要《ひつよう》はなかったよね!?

お城観賞《しろかんしょう》 さらに あるある③

お城《しろ》でよく出会《であ》う石碑《せきひ》の意味《いみ》とは…?

箕輪城《みのわじょう》に立つ彰忠碑《しょうちゅうひ》。従軍者《じゅうぐんしゃ》を顕彰《けんしょう》する碑《ひ》である

お城《しろ》にはよく碑《ひ》が立《た》っている。近世城郭《きんせいじょうかく》、山城《やまじろ》関係《かんけい》なく、一番《いちばん》よく見《み》るのは城址碑《じょうしひ》。たいていは「○○城址《じょうし》(跡《あと》)」と城名《しろめい》がそっけなく刻《きざ》まれているだけだが、中《なか》には城《しろ》の来歴《らいれき》が刻《きざ》まれているものもあり、思《おも》わず熟読《じゅくどく》してしまうお城《しろ》ファンは多《おお》いのではないだろうか。

歌《うた》や詩《し》を刻《きざ》んだ歌碑《かひ》も多《おお》い。城《しろ》で歌《うた》なら城主《じょうしゅ》だった武将《ぶしょう》が詠《よ》んだ和歌《わか》の碑《ひ》……かと思《おも》いきや、なぜか城《しろ》の歌碑《かひ》は江戸時代《えどじだい》の俳句《はいく》とか近代《きんだい》の歌《か》謡曲《ようきょく》が多《おお》い。もちろん、城《しろ》を築《きず》いた城主《じょうしゅ》の辞世《じせい》の句《く》の碑《ひ》もあるのだが、松《まつ》尾芭蕉《おばしょう》がその地《ち》で詠《よ》んだ句碑《くひ》だとか、その城《しろ》をモデルにつくられた「荒城《こうじょう》の月《つき》」の歌碑《かひ》だとかの方《ほう》がよく出会《であ》うのは気《き》のせいだろうか。

戦国《せんごく》の城《しろ》になぜか立《た》っている近代《きんだい》の碑《ひ》といえば、「忠魂碑《ちゅうこんひ》」や「彰忠碑《しょうちゅうひ》」もそうだ。これは、日清《にっしん》・日露戦争《にちろせんそう》、二度《にど》の世界大戦《せかいたいせん》など、近代《きんだい》の戦争《せんそう》で亡《な》くなった将兵《しょうへい》の鎮魂《ちんこん》のために建《た》てられた碑《ひ》。「近代《きんだい》の戦争《せんそう》の碑《ひ》と戦国《せんごく》の城《しろ》って関係《かんけい》なくない?」と思《おも》うが、どちらも戦《たたか》いに関《かか》わる史跡《しせき》だ。国《くに》のために戦《たたか》った兵士《へいし》を祀《まつ》るのにふさわしい場所《ばしょ》として、地域《ちいき》を代表《だいひょう》する戦跡《せんせき》が選《えら》ばれたとのだとしても不思議《ふしぎ》ではない。

第四章

怖いよお!!

断崖絶壁上《だんがいぜっぺきじょう》につくられた
三《さん》の丸《まる》の高石垣《たかいしがき》

岡《おか》城《じょう》

美《び》の維持《いじ》には手《て》がかかる？ 崩壊連発《ほうかいれんぱつ》の石垣《いしがき》

　戦国時代《せんごくじだい》の九州《きゅうしゅう》で無双《むそう》した島津軍《しまづぐん》が3度《ど》攻《せ》めても落《お》とせなかった城《しろ》が豊後《ぶんご》の岡城《おかじょう》である。南北《なんぼく》を川《かわ》に削《けず》られた細長《ほそなが》い断崖《だんがい》にあり、とても攻《せ》めにくいのだ。

　そこへさらに戦国時代後期《せんごくじだいこうき》の城主《じょうしゅ》・中川秀成《なかがわひでなり》による大改修《だいかいしゅう》で総石垣《そういしがき》が実装《じっそう》され、岡城《おかじょう》は無敵城《むてきじょう》に進化《しんか》！　秀成《ひでなり》は城《しろ》に対《たい》して意識高《いしきたか》い系《けい》だったらしく、石《いし》を整形《せいけい》してすき間《ま》なく積《つ》んだ**高石垣《たかいしがき》は芸術点《げいじゅつてん》もかなり高《たか》い。**

　しかし、忘《わす》れてはいけない……**岡城《おかじょう》があるのは絶壁《ぜっぺき》の上《うえ》。**近世流《きんせいりゅう》の緻密《ちみつ》な石垣《いしがき》を築《きず》くには無謀《むぼう》な場所《ばしょ》だ。しかも九州《きゅうしゅう》は台風《たいふう》の通《とお》り道《みち》になりやすいうえ、豊後《ぶんご》の東側《ひがしがわ》の海《うみ》・豊後水道《ぶんごすいどう》は地震危険地帯《じしんきけんちたい》。実際《じっさい》に**江戸時代《えどじだい》の豊予海峡地震《ぶんよかいきょうじしん》では石垣《いしがき》が崩落《ほうらく》しているし、令和《れいわ》にも豊後水道《ぶんごすいどう》の地震《じしん》後に石《いし》垣《がき》のずれが発見《はっけん》されていて緊張感《きんちょうかん》がすごい。**岡城《おかじょう》は美《うつ》しさと引《ひ》き換《か》えに、現代《げんだい》になっても管理《かんり》・維持《いじ》が大変《たいへん》すぎる城《しろ》なのだ。

築城者	緒方惟栄《おがたこれよし》
築城年	文治元年《ぶんじがんねん》（1185）？
所在地	大分県竹田市竹田《おおいたけんたけだしたけだ》

見どころ

総石垣化《そういしがきか》された山城《やまじろ》。
滝廉太郎《たきれんたろう》の『荒城《こうじょう》の月《つき》』のモデルでもある

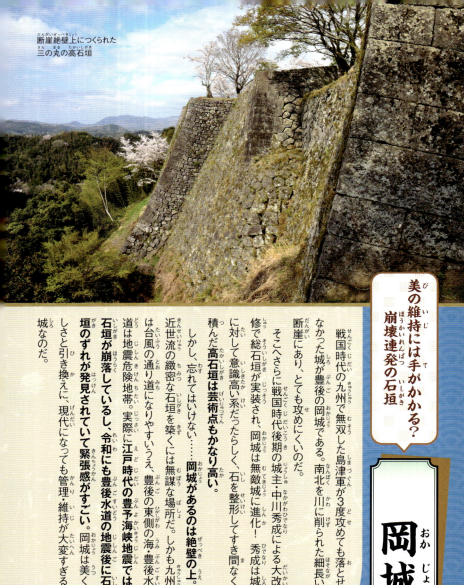

一《ひと》つ直《なお》しても、次《つぎ》の台風《たいふう》で一《ひと》つ壊《こわ》れるイタチごっこ
ここで一句《いっく》「直《なお》せども 直《なお》せども
猶城《なほしろ》の修繕《しゅうぜん》は終《おわ》らじ ぢっと石《いし》を見《み》る」

河口湖《かわぐちこ》から見《み》た御坂城《みさかじょう》。ちなみに隣《となり》は標高約《ひょうこうやく》1800mの黒岳《くろたけ》だが、さすがにここに城《しろ》はつくられていない

御《み》坂《さか》城《じょう》

建《た》てるな危険《きけん》！物理的《ぶつりてき》に天国《てんごく》に近《ちか》い城《しろ》

戦国時代《せんごくじだい》に北条氏《ほうじょうし》が築《きず》いたとも、それ以前《いぜん》から武田氏《たけだし》が基礎《きそ》を築《きず》いていたともいわれる御坂城《みさかじょう》。実《じつ》は当時《とうじ》の記録《きろく》に名《な》前《まえ》は出《で》てくるが、**どこにあるのか昭和《しょうわ》になるまで分《わ》からなかった**というミステリアスな城《しろ》である。

位置《いち》が特定《とくてい》できなかったわけは、だれも行《い》きたくない場所《ばしょ》にあったから。御坂城《みさかじょう》はなんと**標高約《ひょうこうやく》1500mの山上《さんじょう》にあるのだ！** 日本一高《にほんいちたか》い場所《ばしょ》にある城《しろ》ともいわれており、ガチの登山《とざん》をしないとたどり着《つ》けない。しかも険《けわ》しい尾根《おね》に築《きず》かれているので、斜面《しゃめん》に垂直《すいちょく》の横堀《よこぼり》がいつの間《ま》にか斜面《しゃめん》に並行《へいこう》の竪堀《たてぼり》になっているなど、まるでだまし絵《え》のような光景《こうけい》がリアルに広《ひろ》がっているのだ。

街道《かいどう》の峠《とうげ》を守《まも》る重要拠点《じゅうようきょてん》なので、城《しろ》を築《きず》きたい気持《きも》ちも分《わ》かるが、……守《まも》る兵士《へいし》の苦労《くろう》を思《おも》うと胸《むね》が痛《いた》い。反乱《はんらん》しても孤立《こりつ》からの転落《てんらく》がオチだから、「もう逃《に》げられない……」と観念《かんねん》するしかなかっただろう。

見どころ

横堀《よこぼり》や竪堀《たてぼり》を巧《たく》みに配置《はいち》した縄張《なわばり》を持《も》つ……が、城《しろ》にたどり着《つ》くのが超大変《ちょうたいへん》！

築城者	武田氏《たけだし》？
築城年	不明《ふめい》
所在地	山梨県富士河口湖町《やまなしけんふじかわぐちこまち》

街道《かいどう》を抑《おさ》える重要拠点《じゅうようきょてん》……ではあるんだけど、
「ここ守《まも》れ」って命令《めいれい》されたら
「左遷《させん》かな……」って泣《な》きたくなっちゃうよね……

廃藩置県後《はいはんちけんご》、すぐに城跡《しろあと》が県庁《けんちょう》となったため建物《たてもの》は残《のこ》っていないが、土塁《どるい》などを見《み》ることができる

前橋城《まえばしじょう》

キラキラプロフの裏《うら》に隠《かく》された致命的欠陥《ちめいてきけっかん》

徳川家康《とくがわいえやす》に「関東《かんとう》の華《はな》」と呼《よ》ばれ、北関東防衛《きたかんとうぼうえい》の要所《ようしょ》として江戸幕府《えどばくふ》に重視《じゅうし》され、歴代城主《れきだいじょうしゅ》は酒井氏《さかいし》や越前松平氏《えちぜんまつだいらし》などの幕府重臣《ばくふじゅうしん》。前橋城《まえばしじょう》はそんなキラキラ城《じょう》！　しかし、**実際《じっさい》に入城《にゅうじょう》するとすぐにやばい気配《けはい》がプンプンするデンジャラス城《じょう》**でもある。

前橋城《まえばしじょう》のスレスレには暴《あば》れ川《がわ》の利根《とね》川《がわ》が流《なが》れており、**日《にち》常的《じょうてき》に本丸《ほんまる》が削《けず》り取《と》られている欠陥住宅《けっかんじゅうたく》（？）**なのだ。止《と》まらない地面《じめん》の崩壊《ほうかい》で本丸《ほんまる》を移転《いてん》させられた酒井氏《さかいし》は幕《ばく》府《ふ》に泣《な》きついて転封《てんぽう》。その後《あと》に入《はい》った松平氏《まつだいらし》も川越《かわごえ》に逃走《とうそう》する。あまりにも城主《じょうしゅ》が逃《に》げるので、**「殿様《とのさま》（重臣《じゅうしん》とも）が川《かわ》に流《なが》して殺《ころ》した美女《びじょ》・お虎《とら》のたたりだ」**という怪談《かいだん》がバズる始末《しまつ》だった。荒廃《こうはい》した前橋城《まえばしじょう》が改修《かいしゅう》されたのは、利根《とね》川《がわ》が整備《せいび》された幕末期《ばくまつき》。ところが**再建《さいけん》からたった4年後《ねんご》に明治新政府《めいじしんせいふ》の廃藩置県《はいはんちけん》で取《と》り壊《こわ》し**になった。やっぱたたられてた……？

見どころ

城跡《しろあと》は県庁《けんちょう》となっているが、周辺《しゅうへん》には門跡《もんあと》や土塁《どるい》などの遺構《いこう》が点在《てんざい》する

築城者	長野氏《ながのし》
築城年	15世紀末《せいきまつ》
所在地	群馬県前橋市大手町《ぐんまけんまえばししおおてまち》

自然《しぜん》の脅威《きょうい》の前《まえ》では人《ひと》はあまりに無力《むりょく》。
それなら、美女《びじょ》のたたりということにした方《ほう》が
まだ納得《なっとく》でき……るかなあ？

馬淵川《まぶちがわ》越《ご》しに城《しろ》を見《み》る。九《くの》戸《へ》城《じょう》は馬淵川《まぶちがわ》と白鳥川《しらとりがわ》に守《まも》られた天然《てんねん》の要害《ようがい》だった

九戸城《くのへじょう》

ヤラセに抗議《こうぎ》してバッドエンドなんて最悪《さいあく》！

陸奥《むつ》の南部氏《なんぶし》はよく人《ひと》が死《し》ぬうえに、有力《ゆうりょく》な分家《ぶんけ》の九《くの》戸《へ》氏《し》もからんできて跡継《あとつ》ぎ問題《もんだい》がぐちゃぐちゃになっていた。そして**ヤラセの会議《かいぎ》で南部信直《なんぶのぶなお》が跡継《あとつ》ぎになると**、それに納得《なっとく》いかない九戸政実《くのへまさざね》が挙兵《きょへい》し、九戸政実《くのへまさざね》の乱《らん》が勃発《ぼっぱつ》する。

精鋭《せいえい》ぞろいの政実軍《まさざねぐん》に、信直《のぶなお》は大苦戦《だいくせん》。しかし当時一番《とうじいちばん》イケイケだった**豊臣秀吉《とよとみひでよし》と仲良《なかよ》しだったので、「援軍《えんぐん》ください！」と泣《な》きついた。**すると秀吉《ひでよし》は気前《きまえ》よく本気《ほんき》の援軍《えんぐん》を送《おく》りこむ。……秀吉《ひでよし》は信直《のぶなお》が心配《しんぱい》なのではなく、陸奥《むつ》を平《たい》らげて天下統一《てんかとういつ》したいだけなのだが。

秀吉軍《ひでよしぐん》の兵力《へいりょく》は一説《いっせつ》によると政実軍《まさざねぐん》の10倍以上《ばいいじょう》。居城《きょじょう》の九戸城《くのへじょう》をみちみちに包囲《ほうい》された政実《まさざね》は必死《ひっし》に戦《たたか》ったが、もはや兵力差《へいりょくさ》は弱《よわ》い者《もの》いじめレベルだ。観念《かんねん》した政実《まさざね》は仲間《なかま》の助命《じょめい》と引《ひ》き換《か》えに降伏《こうふく》したのだが……。**仲間《なかま》は皆殺《みなごろ》し、政《まさ》実《ざね》も処刑《しょけい》というバッドエンドに終《お》わった**のだった。

築城者	九戸光政《くのへみつまさ》？
築城年	明応年間《めいおうねんかん》（1492～1501）？
所在地	岩手県二戸市福岡城ノ内《いわてけんにのへしふくおかしろのうち》

見どころ

落城後《らくじょうご》、南部信直《なんぶのぶなお》によって改修《かいしゅう》された広《ひろ》い堀《ほり》と石垣《いしがき》の跡《あと》が残《のこ》る

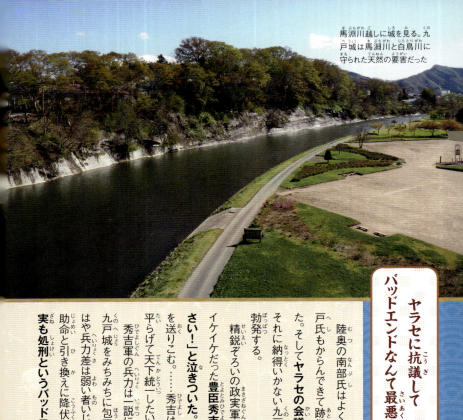

豊臣秀次《とよとみひでつぐ》、蒲生氏郷《がもううじさと》、津軽為信《つがるためのぶ》……
豊臣大名《とよとみだいみょう》オールスター集結《しゅうけつ》はアツいけど、
攻《せ》められる方《ほう》からすればたまったもんじゃあない

本丸《ほんまる》には現存建物《げんぞんたてもの》である鯱《しゃち》の門《もん》と復元《ふくげん》された御殿《ごてん》の一部《いちぶ》を見《み》ることができる

化《ば》け猫《ねこ》の呪《のろ》いなんてなんぼあってもいいです

佐《さ》賀《が》城《じょう》

佐賀城《さがじょう》で殺人事件《さつじんじけん》発生《はっせい》！ **佐賀藩主《さがはんしゅ》・鍋島光茂《なべしまみつしげ》が、碁《ご》の対戦相手《たいせんあいて》の家臣《かしん》・龍造寺又七郎《りゅうぞうじまたしちろう》を刀《かたな》で殺害《さつがい》。** 鍋島容疑者《なべしまようぎしゃ》は「又七郎《またしちろう》が強《つよ》すぎて腹《はら》が立《た》った」と供述《きょうじゅつ》している。この事件《じけん》で又七郎《またしちろう》の母《はは》は飼《か》い猫《ねこ》に悲《かな》しみを語《かた》って自害《じがい》。**この母《はは》の血《ち》をなめた猫《ねこ》が化《ば》け猫《ねこ》となり、光茂《みつしげ》を呪《のろ》いで苦《くる》しめた……**、という「佐賀城《さがじょう》の化《ば》け猫伝説《ねこでんせつ》」はあくまでフィクションだ。しかし、**史実《しじつ》の龍造寺氏《りゅうぞうじし》の無念《むねん》をベースにしている。**

そもそも龍造寺氏《りゅうぞうじし》は鍋島氏《なべしまし》の主君《しゅくん》だったが、最盛期《さいせいき》の当主《とうしゅ》である隆信《たかのぶ》の討死《うちじに》で没落《ぼつらく》。天下人《てんかびと》秀吉《ひでよし》のお墨付《すみつ》きにより、重臣《じゅうしん》の鍋島直茂《なべしまなおしげ》に実権《じっけん》を奪《うば》われてしまった。これに絶《ぜつ》望《ぼう》した隆信《たかのぶ》の孫《まご》の高房《たかふさ》と隆信《たかのぶ》の息子《むすこ》の政家《まさいえ》が相次《あいつ》いで亡《な》くなったのだから、呪《のろ》い伝説誕生《でんせつたんじょう》待《ま》ったなしである。

化《ば》け猫伝説《ねこでんせつ》は江戸時代《えどじだい》の庶民《しょみん》にも大《おお》ウケ。 鍋島氏《なべしまし》の阻止《そし》もむなしく歌舞伎《かぶき》や浄瑠璃《じょうるり》の人気演目《にんきえんもく》になってしまったのだ。

築城者	藤原李喜《ふじわらのすえよし》
築城年	久寿元年《きゅうじゅがんねん》（1154）
所在地	佐賀県佐賀市城内《さがけんさがしじょうない》

見どころ

現存《げんぞん》の門《もん》と復元御殿《ふくげんごてん》は必見《ひっけん》。それらを守《まも》る広大《こうだい》な水堀《みずぼり》もお見逃《みのが》しなく！

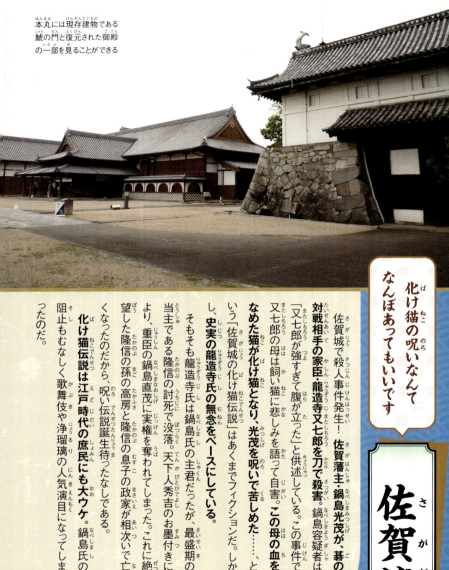

ウワサというのは、否定《ひてい》すれば否定《ひてい》するほど
広《ひろ》がっていくものだけど、
さすがに化《ば》け猫《ねこ》は尾《お》ひれがつき過《す》ぎじゃない？

駿府城《すんぷじょう》に立《た》つ家康《いえやす》の銅像《どうぞう》。もし、ぬっぺふほふをつかまえて食《た》べていたら、仙力《せんりょく》であと10年《ねん》くらい長生《ながい》きしていたかも……？

駿《すん》府《ぷ》城《じょう》

家康《いえやす》の隠居城《いんきょじろ》でゆるキャラグリーティング

江戸幕府《えどばくふ》を開《ひら》いて一安心《ひとあんしん》した徳川家康《とくがわいえやす》は、息子《むすこ》の秀忠《ひでただ》に天下人《てんかびと》の座《ざ》をゆずって〝大御所《おおごしょ》〟と呼《よ》ばれるご隠居《いんきょ》になった。その隠居《いんきょ》の城《しろ》である**駿府城《すんぷじょう》に、突如《とつじょ》として怪異《かいい》が出現《しゅつげん》——!?**

城《しろ》の庭《にわ》におかしなものがいると聞《き》いた家康《いえやす》は「もしや、わしに敗《やぶ》れた武将《ぶしょう》のたたりか？」と思《おも》った（かもしれない）が、どうも違《ちが》うらしい。〝それ〟は子《こ》どもくらいの大《おお》きさで目鼻《めはな》のない顔《かお》から指《ゆび》のない手足《てあし》が生《は》えた**肉《にく》のかたまりっぽいなにかだったのだ**。まるでゆるキャラのような〝それ〟は特《とく》に悪《わる》さをするわけでもなく、結局《けっきょく》**なにしに来《き》たのかよく分《わ》からないまま城《しろ》の外《そと》へ追《お》い出《だ》された**のだった。

この謎《なぞ》の妖怪《ようかい》は江戸時代《えどじだい》の書物《しょもつ》で「ぬっぺふほふ」と紹介《しょうかい》されており、名前《なまえ》もゆるい。中国《ちゅうごく》では「封《ほう》」と呼《よ》ばれる妖怪《ようかい》で、その肉《にく》は仙薬《せんやく》の材料《ざいりょう》になるのだとか。健康《けんこう》オタクの家康《いえやす》につかまらなくてよかったね！

築城者	徳川家康《とくがわいえやす》
築城年	天正《てんしょう》13年《ねん》（1585）
所在地	静岡県静岡市葵区《しずおかけんしずおかしあおいく》 駿府城公園《すんぷじょうこうえん》

見どころ

門《もん》や櫓《やぐら》が復元《ふくげん》されている。日本最大級《にほんさいだいきゅう》の天守台《てんしゅだい》が、現在発掘調査中《げんざいはっくつちょうさちゅう》！

お前はどこから来たのか《D'où venons-vous》
お前は何者か《Que sommes-vous》　お前はどこへ行くのか《Où allons-vous》
慶長《けいちょう》14年《ねん》（1609）徳川家康《とくがわいえやす》

北《きた》ノ庄城《しょうじょう》は江戸時代《えどじだい》に福井城《ふくいじょう》に改修《かいしゅう》され、遺構《いこう》はほぼ残《のこ》っていないが、本丸跡《ほんまるあと》に勝家《かついえ》を祀《まつ》る柴田神社《しばたじんじゃ》がある

北《きた》ノ《の》庄《しょう》城《じょう》

見《み》てはいけない首《くび》なし行列《ぎょうれつ》に会《あ》ってしまったら……？

怨霊話《おんりょうばなし》というものは、無名《むめい》の兵士《へいし》や武将《ぶしょう》が化《ば》けて出《で》ることが多《おお》い。だが、時《とき》に**有名武将《ゆうめいぶしょう》が化《ば》けて出《で》ることもある。**越前《えちぜん》の北ノ庄城《きたのしょうじょう》に現《あらわ》れる亡霊《ぼうれい》の名《な》は柴田勝家《しばたかついえ》。豊臣秀吉《とよとみひでよし》と天下《てんか》を争《あらそ》い敗《やぶ》れた猛将《もうしょう》だ。**毎年《まいとし》、命日《めいにち》に首《くび》のない勝家《かついえ》の亡霊《ぼうれい》がこれまた首《くび》なしの軍勢《ぐんぜい》を率《ひき》いて、城下《じょうか》に現《あらわ》れる**という。勝家《かついえ》ほどの有名武将《ゆうめいぶしょう》に会《あ》えるなら亡霊《ぼうれい》でもいいかも……、なんて考《かんが》えたアナタ。絶対《ぜったい》にやめましょう。**この首《くび》なし行列《ぎょうれつ》は、見《み》た人《ひと》に1年《ねん》以内《いない》に死《し》ぬ、という恐《おそ》ろしい呪《のろ》いを付与《ふよ》**してくるからだ。その力《ちから》は強《つよ》く勝家《かついえ》の死《し》から150年《ねん》経《た》った江戸時代中期《えどじだいちゅうき》にも出現《しゅつげん》している。亡霊《ぼうれい》を絵《え》にするため行列《ぎょうれつ》をこっそり見《み》た職人《しょくにん》が、絵《え》を描《か》き上《あ》げてすぐ死《し》んでしまったというのだ。

さすがに現代《げんだい》で首《くび》なし行列出現《ぎょうれつしゅつげん》の話《はなし》は聞《き》かないが、出会《であ》ってしまった場合《ばあい》、生《い》きのびる術《すべ》はただ一《ひと》つ。**「天下《てんか》の名将《めいしょう》、柴田勝家公《しばたかついえこう》！」**とヨイショすれば、見逃《みのが》してもらえるそうだ。

築城者	柴田勝家《しばたかついえ》
築城年	天正《てんしょう》3年《ねん》（1575）
所在地	福井県福井市中央《ふくいけんふくいしちゅうおう》

見どころ

勝家《かついえ》を祀《まつ》る柴田神社《しばたじんじゃ》や石垣《いしがき》など、城《しろ》と柴田時代《しばたじだい》の痕跡《こんせき》がわずかに残《のこ》る

見《み》たら死《し》ぬ系《けい》の恐《おそ》ろしい怪談《かいだん》なんだけど、
ヨイショしたら見逃《みのが》してくれるって聞《き》くと、
ちょっとかわいく見《み》えてきちゃうね

本丸の城址《じょうし》碑。落城後すぐに膳城《ぜんじょう》は廃城《はいじょう》となったため、遺構《いこう》はあまり残《のこ》っていない

膳《ぜん》城《じょう》

酒《さけ》は飲《の》んでも飲《の》まれるな!酒《さけ》は飲《の》んでも飲《の》まれるな!!

古今東西《ここんとうざい》、酒《さけ》による失敗談《しっぱいだん》は多《おお》い。戦国時代《せんごくじだい》にも、飲《の》み比《くら》べに負《ま》けて名槍《めいそう》を奪《うば》われた福島正則《ふくしままさのり》、酒《さけ》の飲《の》み過《す》ぎが死《し》因《いん》とまことしやかにささやかれる上杉謙信《うえすぎけんしん》などなど……、**酒《さけ》で何《なに》かを失《うしな》う逸話《いつわ》は枚挙《まいきょ》にいとまがない。**ここで紹介《しょうかい》するのも、酔《よ》っぱらいの失敗談《しっぱいだん》なのだが、失《うしな》ったものがデカい。

ある時《とき》、上杉領《うえすぎりょう》の国境付近《くにざかいふきん》にあった膳城《ぜんじょう》で宴会《えんかい》が行《おこな》われた。兵士《へいし》も城主《じょうしゅ》もベロンベロンに酔《よ》っぱらった頃《ころ》、城《しろ》の近《ちか》くをある人物《じんぶつ》が通《とお》る。武田軍《たけだぐん》の総大将《そうだいしょう》・武田勝頼《たけだかつより》だ。新《あたら》たな領《りょう》地《ち》の視察中《しさつちゅう》に国境付近《くにざかいふきん》を通《とお》っただけ……なのだが、敵対《てきたい》する大名《だいみょう》の姿《すがた》に激高《げっこう》した**膳城《ぜんじょう》の酔《よ》っぱらいたちは、非武装《ひぶそう》の武田軍《たけだぐん》に襲《おそ》いかかった。**しかし、非武装《ひぶそう》とはいえ相手《あいて》は武田軍《たけだぐん》。**酔《よ》っぱらいたちは返《かえ》り討《う》ちにあい、膳城《ぜんじょう》も落城《らくじょう》した。**現代《げんだい》でも酔《よ》っぱらいの乱闘《らんとう》はよくあることだが、ここは戦国時代《せんごくじだい》。相手《あいて》をよく見《み》て仕掛《しか》けなければ、文字通《もじどお》り命《いのち》取《と》りなのである。

築城者	善氏《ぜんし》?
築城年	15世紀中頃《せいきなかごろ》?
所在地	群馬県前橋市粕川町膳《ぐんまけんまえばししかすかわちょうぜん》

見どころ

建物《たてもの》は残《のこ》っていないが、城内《じょうない》では、堀《ほり》や土塁《どるい》の痕跡《こんせき》が見《み》られるぞ!

足元《あしもと》はおぼつかず、弓矢《ゆみや》の狙《ねら》いも定《さだ》まらない
酔《よ》っぱらい集団《しゅうだん》に、襲撃《しゅうげき》された勝頼《かつより》もあきれたはず
まあ、返《かえ》り討《う》ちにするんですけどね、乱世《らんせい》なので

復元《ふくげん》された本丸門《ほんまるもん》。ここで何人《なんにん》の城主《じょうしゅ》を出迎《でむか》え、見送《みおく》ったのだろうか……

赤《あ》穂《こう》城《じょう》

血《ち》に飢《う》えし呪《のろ》いか？ 殺人《さつじん》が絶《た》えない城《しろ》

赤穂藩主《あこうはんしゅ》の居城《きょじょう》だった赤穂城《あこうじょう》。この城《しろ》の代表的《だいひょうてき》なプロフィールは、3代目《だいめ》藩主《はんしゅ》・浅野内匠頭《あさのたくみのかみ》が江戸城内《えどじょうない》で刃傷沙汰《にんじょうざた》を起《お》こして即日切腹《そくじつせっぷく》になった「赤穂事件《あこうじけん》」を起《お》こしたため、幕府《ばくふ》に没収《ぼっしゅう》された……というもの。一見《いっけん》すると気《き》の毒《どく》だが、実《じつ》は**居城《きょじょう》の赤穂城《あこうじょう》でも2件《けん》の刃傷沙汰《にんじょうざた》が発生《はっせい》しており、物騒極《ぶっそうきわ》まりない。**

1件目《けんめ》は内匠頭《たくみのかみ》の祖父《そふ》のとき。浅野家《あさのけ》で預《あず》かっていた武《ぶ》士二人《しふたり》がケンカした挙句《あげく》に相打《あいう》ちで両者死亡《りょうしゃしぼう》。2件目《けんめ》は内《たく》匠頭《みのかみ》の死後《しご》に預《あず》かり役《やく》となった脇坂家《わきざかけ》のとき。脇坂家《わきざかけ》の重《じゅう》臣《しん》がいきなり仲間《なかま》を斬殺《ざんさつ》。こうなると「**赤穂城《あこうじょう》は呪《のろ》われているのか？**」とゾワゾワしてくる。さらに、赤穂城築城以前《あこうじょうちくじょういぜん》にも浅野家《あさのけ》の**前《まえ》の藩主《はんしゅ》だった池田輝興《いけだてるおき》が発狂《はっきょう》**して正室《せいしつ》やその侍女数人《じじょすうにん》を斬殺《ざんさつ》している。これはもしかすると**赤穂《あこう》の地《ち》そのものが呪《のろ》われているのでは……？** エリア全体《ぜんたい》が呪《のろ》われているとは、もはやラスボスの城《しろ》である。

築城者	浅野長直《あさのながなお》
築城年	慶安元年《けいあんがんねん》（1648）
所在地	兵庫県赤穂市上仮屋《ひょうごけんあこうしかみかりや》

見どころ

軍学《ぐんがく》に則《のっと》って考《かんが》えられた、折《お》れだらけの縄張《なわばり》。門《もん》や塀《へい》などが復元《ふくげん》されている

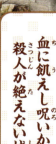

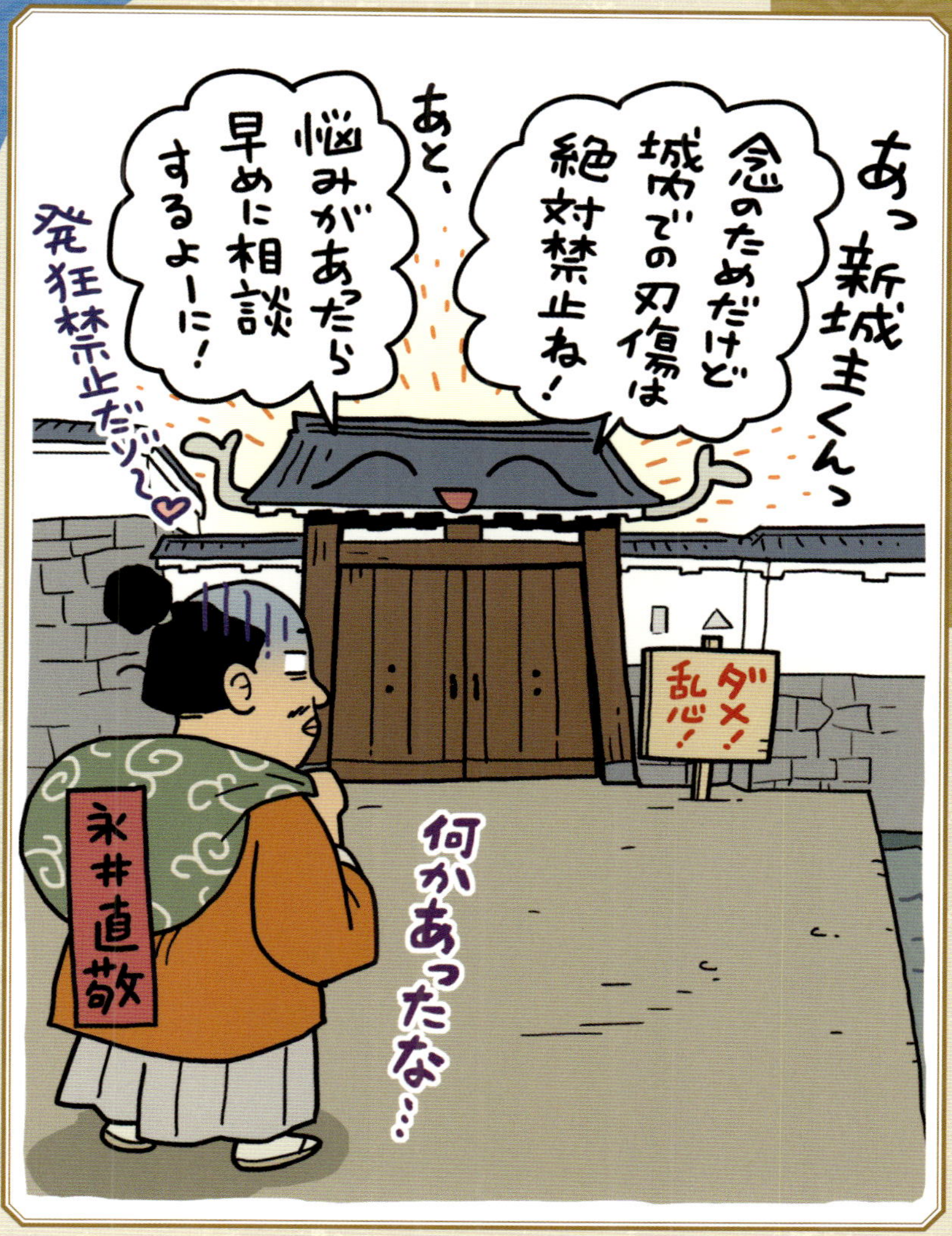

江戸時代《えどじだい》に新築《しんちく》された特別《とくべつ》な城《しろ》、なんだけど……
こんなにも不祥事《ふしょうじ》やら刃傷沙汰《にんじょうざた》やらが続《つづ》くと、
ちょっと入城《にゅうじょう》するのをためらうよね……

有《あり》岡《おか》城《じょう》

魔王《まおう》に逆《さか》らってう●こになった男《おとこ》の人生《じんせい》

城跡《しろあと》には石垣《いしがき》や土塁《どるい》などが残《のこ》る。この石垣《いしがき》は村重《むらしげ》によって築《きず》かれたものとされる

だれもが恐《おそ》れた魔王《まおう》・織田信長《おだのぶなが》。しかし、なかには勇気《ゆうき》を出《だ》して離反《りはん》するものもいた。有岡城主《ありおかじょうしゅ》の荒木村重《あらきむらしげ》もその一人《ひとり》だ。**信長《のぶなが》は村重《むらしげ》を信頼《しんらい》していたらしく、この離反《りはん》はショックだったらしい。**しかし村重《むらしげ》が明智光秀《あけちみつひで》らの説得《せっとく》を全《ぜん》スルーして有岡城《ありおかじょう》に籠城《ろうじょう》すると、**かわいさあまって憎《にく》さ百倍《ひゃくばい》！**有岡城《ありおかじょう》に織田《おだ》の大軍《たいぐん》が攻《せ》め寄《よ》せる。

これに対《たい》して村重《むらしげ》は最後《さいご》まで勇敢《ゆうかん》に戦《たたか》……わなかった。なんと、**お宝《たから》の茶器《ちゃき》コレクションを持《も》って自分《じぶん》だけ逃走《とうそう》したのだ。**びっくりした重臣《じゅうしん》が連《つ》れ戻《もど》しに来《き》ても取《と》り合《あ》わず、さらに遠《とお》い毛利輝元《もうりてるもと》の領地《りょうち》に逃《に》げ込《こ》んでしまった。

当然《とうぜん》だが信長《のぶなが》は怒《いか》り爆発《ばくはつ》。有岡城《ありおかじょう》に残《のこ》された**村重《むらしげ》や一緒《いっしょ》に逃《に》げた重臣《じゅうしん》たちの家族《かぞく》は女性《じょせい》や子《こ》どもまで見《み》せしめ公開処刑《こうかいしょけい》となった。**生《い》き残《のこ》った村重《むらしげ》は自虐《じぎゃく》して「**道糞《どうふん》（道《みち》ばたのう●こ）**」**と改名《かいめい》**したが、自虐《じぎゃく》するくらいなら戻《もど》ればよかったのでは？

見どころ

日本最古《にほんさいこ》の惣構《そうがまえ》（城下《じょうか》まで囲《かこ》む堀《ほり》）の遺構《いこう》や石垣《いしがき》、土塁《どるい》、建物《たてもの》の礎石《そせき》などが残《のこ》る

築城者	伊丹氏《いたみし》
築城年	鎌倉末《かまくらまつ》～南北朝時代《なんぼくちょうじだい》
所在地	兵庫県伊丹市伊丹《ひょうごけんいたみしいたみ》

家族《かぞく》や城兵《じょうへい》を助《たす》けるために
自分一人《じぶんひとり》を犠牲《ぎせい》にする城主《じょうしゅ》はたくさんいたけど、
まさか逆《ぎゃく》をやる城主《じょうしゅ》がいたとは……

お城観賞《しろかんしょう》さらにあるある④

意外《いがい》と危険《きけん》な植物《しょくぶつ》たち

堀《ほり》に生《お》い茂《しげ》った草《くさ》。大人《おとな》の膝《ひざ》くらいまで草《くさ》がのびており、入《はい》るのは危険《きけん》だ

山城《やまじろ》の危険《きけん》と聞《き》いて、まっ先《さき》に思《おも》いうかぶのは、クマ、イノシシ、ハチ、ヘビ……。動物《どうぶつ》や虫《むし》がよく挙《あ》げられる。しかし、山城《やまじろ》の危険生物《きけんせいぶつ》はこれだけではない。植物《しょくぶつ》も登城者《とじょうしゃ》に牙《きば》をむくのである。

「植物《しょくぶつ》は襲《おそ》ってこないじゃん、危《あぶ》なくないでしょ」―― いやいや、そこにあるだけで、人《ひと》を傷《きず》つけることもあるのが、山《やま》の植物《しょくぶつ》なのだ。まず、遺構《いこう》に繁茂《はんも》したヤブが容赦《ようしゃ》なくこちらの手足《てあし》を傷《きず》つけてくる。遺構《いこう》を見《み》るためヤブ漕《こ》ぎをするのは、山城《やまじろ》ファンあるあるだが、十分《じゅうぶん》に気《き》をつけてほしい。

落《お》ち葉《ば》も要注意《ようちゅうい》。地面《じめん》と同《おな》じ感覚《かんかく》で踏《ふ》み歩《ある》きがちだが滑《すべ》る。特《とく》に濡《ぬ》れていると、関東《かんとう》の赤土並《あかつちな》みに滑《すべ》るので、足先《あしさき》で安全《あんぜん》を確《たし》かめながら進《すす》もう。

樹木《じゅもく》もやっかいだ。疲《つか》れた時《とき》に寄《よ》りかかったり、足場《あしば》が悪《わる》い時《とき》につかんだりして怪我《けが》をしてしまう。素手《すで》でさわるのダメ、絶対《ぜったい》。足元《あしもと》をおろそかにしていると、木《き》の根《ね》につまずいたり、踏《ふ》んでコケることもある。

倒《とう》木《ぼく》もつまずきやすいし、道《みち》をふさいでしまう場合《ばあい》も。枝程度《えだていど》の小《ち》さな倒《とう》木《ぼく》ならどかせるが、うかつに手《て》をのばすと枝《えだ》が刺《さ》さる。切《き》った枝《えだ》を逆茂木《さかもぎ》にした理由《りゆう》がよく分《わ》か……、いや普通《ふつう》に危《あぶ》ないので、どける場合《ばあい》は慎重《しんちょう》に。

第五章

忘れないで……

現存《げんそん》の二《に》の丸御殿《まるごてん》には3代将軍家光《だいしょうぐんいえみつ》がつくらせた絢爛豪《けんらんごう》華《か》な障壁画《しょうへきが》も残《のこ》っており、展示収蔵館《てんじしゅうぞうかん》で見《み》ることができる

二《に》条《じょう》城《じょう》

御殿見学後《ごてんけんがくご》のほっこりスポット、その正体《しょうたい》は？

「京都《きょうと》の城《しろ》」といえば、御所《ごしょ》の守《まも》りと将軍上洛時《しょうぐんじょうらくじ》の宿泊所《しゅくはくじょ》として築《きず》かれた二条城《にじょうじょう》。「都《みやこ》にあった将軍《しょうぐん》の城《しろ》」であるからして、トーゼン世界遺産《せかいいさん》であるし、**モチロン国内外《こくないがい》の観光客《かんこうきゃく》がわんさか見学《けんがく》に訪《おとず》れる。日本《にほん》の城《しろ》の目玉《めだま》である天守《てんしゅ》は本《ほん》丸西南隅《まるせいなんすみ》にドーンと……ない。**伏見城《ふしみじょう》から移築《いちく》されたという五重天守《ごじゅうてんしゅ》は、江戸時代中期《えどじだいちゅうき》に落雷《らくらい》で焼《や》け落《お》ち、再建《さいけん》されなかった。現存《げんぞん》する天守台《てんしゅだい》は高《たか》さ約《やく》20m、かつての天守《てんしゅ》は28m。約《やく》50mもの高《たか》さにドーンとそびえた天守《てんしゅ》は、天皇《てんのう》も登《のぼ》ったほどの、当時京都一《とうじきょうといち》の名物高層建築《めいぶつこうそうけんちく》だったのだ。

その天守《てんしゅ》がない現代《げんだい》、**来城者《らいじょうしゃ》のお目当《めあ》ては、きらびやかな二《に》の丸御殿《まるごてん》（国宝《こくほう》）と本丸御殿《ほんまるごてん》（国重文《くにじゅうぶん》）だ。**かつて注目《ちゅうもく》の的《まと》だった**天守台《てんしゅだい》（公式《こうしき》では天守閣跡《てんしゅかくあと》）にはちょこんとベンチが置《お》かれ、御殿見学後《ごてんけんがくご》にほっこりできる、いい感《かん》じの展望台《てんぼうだい》となっている。**都《みやこ》びとよ、どうか忘《わす》れないで。そして来城者《らいじょうしゃ》よ、お願《ねが》い気付《きづ》いてえええ……。

見どころ

城全体《しろぜんたい》が世界遺産《せかいいさん》。天守《てんしゅ》はないが、二《に》の丸御殿《まるごてん》や唐門《からもん》などきらびやかな建築《けんちく》が残《のこ》る

築城者	徳川家康《とくがわいえやす》
築城年	慶長《けいちょう》6年《ねん》（1601）
所在地	京都府京都市中京区《きょうとふきょうとしなかぎょうく》二条城町《にじょうじょうちょう》

御殿《ごてん》の芸術品《げいじゅつひん》に見《み》とれるのは分《わ》かる
分《わ》かるけど、今君《いまきみ》らが休憩《きゅうけい》している
天守台《てんしゅだい》もすごいんだよ！ちゃんと見《み》て！

根室半島《ねむろはんとう》のチャシは、18世紀《せいき》の「クナシリ・メナシの戦《たたか》い」に使用《しよう》されたと考《かんが》えられている

根室《ねむろ》チャシ跡群《あとぐん》

達成感《たっせいかん》がハンパない最果《さいは》てのチャシたち

アイヌ民族《みんぞく》が砦《とりで》や祭祀《さいし》などに使《つか》ったという北海道《ほっかいどう》のチャシ跡《あと》。根室半島《ねむろはんとう》の24ヵ所《しょ》は「根室半島《ねむろはんとう》チャシ跡群《あとぐん》」として国史《くにし》跡指定《せきしてい》されており、さらに**「日本《にほん》１００名城《めいじょう》」のナンバー1（北《きた》から順《じゅん》にナンバリング）でもある。**

ココが**訪城難易度《ほうじょうなんいど》もナンバー1といわれる**のは、「なんせ遠《とお》い！」から。北《きた》の果《は》て北海道《ほっかいどう》の、東《ひがし》の果《は》て根室半島《ねむろはんとう》は、同《おな》じ道内《どうない》の**五稜郭《ごりょうかく》とも７００km近《ちか》くの距離《きょり》がある。**北海道《ほっかいどう》では距離感《きょりかん》がバグりがちだが、根室駅《ねむろえき》、ガイダンス施設《しせつ》「根室《ねむろ》市歴史《しれきし》と自然《しぜん》の資料館《しりょうかん》」、整備済《せいびず》みのノツカマフ1・2号《ごう》チャシとヲンネモトチャシは、それぞれ距離《きょり》がある。特《とく》に2チャシ間《かん》は10kmあり、どちらも半島北側《はんとうきたがわ》の海《うみ》に面《めん》した崖《がけ》の上《うえ》。バスは南側《みなみがわ》しか走《はし》っておらず、**車《くるま》がないとたどり着《つ》けない。**

遠《とお》すぎて後回《あとまわ》しにしがちのナンバー1だが、忘《わす》れずにここを１００名城《めいじょう》のゴールに。すでに目《め》が肥《こ》えているから土《つち》の遺構《いこう》もバッチリ分《わ》かるし、、道中《どうちゅう》のキツさゆえ達成感《たっせいかん》も倍増《ばいぞう》だ！

見どころ

1つもしくは2つの曲輪《くるわ》を堀《ほり》で仕切《しき》ったシンプルな構造《こうぞう》

築城者	不明《ふめい》
築城年	16～18世紀頃《せいきごろ》
所在地	北海道根室市温根元《ほっかいどうねむろしおんねもと》

五稜郭《ごりょうかく》から車《くるま》で約《やく》9時間《じかん》
根室駅《ねむろえき》から車《くるま》で約《やく》30分《ぷん》
北海道《ほっかいどう》は城好《しろず》きにとっても「試《ため》される大地《だいち》」なのだ

現在《げんざい》も残《のこ》る防塁《ぼうるい》。福岡城《ふくおかじょう》を築《きず》く際《さい》に、ここの石塁《せきるい》を福岡城《ふくおかじょう》に流用《りゅうよう》したと伝《つた》えられている

元《げん》寇《こう》防《ぼう》塁《るい》

元《げん》を撃退《げきたい》したのは神風《かみかぜ》じゃなくてオレたち！

日本《にほん》史上《しじょう》最大級《さいだいきゅう》の危機《きき》といわれる、鎌倉時代《かまくらじだい》の元寇《げんこう》。中国《ちゅうごく》を統一《とういつ》したフビライ＝ハンの元《げん》(モンゴル)軍《ぐん》が二度《にど》日本《にほん》に侵攻《しんこう》し、これを撃退《げきたい》したものだ。このミラクル、通説《つうせつ》では二度《にど》とも**「神風《かみかぜ》」と呼《よ》ばれる暴風雨《ぼうふうう》(たぶん台風《たいふう》)により元軍《げんぐん》が壊滅《かいめつ》**したとされてきた。しかし近年《きんねん》、最大《さいだい》の勝因《しょういん》に対《たい》する見方《みかた》が変《か》わっている。

一度目《いちどめ》の文永《ぶんえい》の役後《えきご》、鎌倉幕府《かまくらばくふ》は北九州《きたきゅうしゅう》の警固《けいご》をガチ強化《きょうか》。常《つね》に交替《こうたい》で監視《かんし》させ、**博多湾《はかたわん》沿《ぞ》いに約《やく》20kmにおよぶ防塁《ぼうるい》(石築地《いしついじ》)を築《きず》いた。**弘安《こうあん》の役《えき》では、これが海《うみ》を背《せ》にした元軍《げんぐん》に効果絶大《こうかぜつだい》。防塁《ぼうるい》を盾《たて》とした弓矢攻撃《ゆみやこうげき》によって元軍《げんぐん》は上陸《じょうりく》できなかった。そして撤退《てったい》を決《き》めた元軍《げんぐん》を**例《れい》の神風《かみかぜ》が襲《おそ》ったことが、効果的《こうかてき》なミラクル演出《えんしゅつ》になったのだ。**

こうしてトリを飾《かざ》った神風《かみかぜ》だけが注目《ちゅうもく》されてきたが、九州《きゅうしゅう》を中心《ちゅうしん》とした**御家人《ごけにん》たちの奮戦《ふんせん》と、その盾《たて》になってくれた元寇防塁《げんこうぼうるい》クン**に、７００年分《ねんぶん》の喝采《かっさい》を！

築城者	北条時宗《はくじょうときむね》
築城年	建治《けんじ》2年《ねん》(1276)
所在地	福岡県《ふくおかけん》福岡市《ふくおかし》西区《にしく》今津《いまづ》

見どころ

全長《ぜんちょう》20kmにもおよぶ石《いし》の壁《かべ》。石築地《いしついじ》とよばれる石塁《せきるい》の一部《いちぶ》が今《いま》も見《み》られる

幕府《ばくふ》の公式発表《こうしきはっぴょう》は「神風《かみかぜ》」だし
寺《てら》は「ウチが神風《かみかぜ》を吹《ふ》かせた」って自慢《じまん》するけど、
元軍《げんぐん》の上陸《じょうりく》を防《ふせ》げたのオレたちがいたからだよね

桜《さくら》の名所《めいしょ》である桜雲橋《おううんきょう》は、二《に》の丸《まる》と本丸《ほんまる》の間《あいだ》の空堀《からぼり》にかけられた木橋《きはし》だ

高《たか》遠《とお》城《じょう》

桜《さくら》が有名《ゆうめい》すぎて気《き》づいてくれない！

吉野山《よしのやま》、弘前公園《ひろさきこうえん》と並《なら》ぶ**日本三大桜《にほんさんだいさくら》の名所《めいしょ》**、高遠城址公園《たかとおじょうしこうえん》。武田《たけだ》vs織田《おだ》の「高遠城《たかとおじょう》の戦《たたか》い」の舞台《ぶたい》である。**桜《さくら》が咲《さ》くと全国《ぜんこく》からわんさか人《ひと》が訪《おとず》れて、スゴい混雑《こんざつ》ぶり**だ。みんな公園《こうえん》のシンボル的風景《てきふうけい》である桜雲橋《おううんきょう》を、あらゆる角度《かくど》から撮影《さつえい》する。

春以外《はるいがい》に訪《おとず》れるのは、ほぼ城《しろ》ファンのみ。おや？ 城《しろ》ファンが来《く》るということは……そう、萌《も》える遺構《いこう》があるのである！ この城跡《しろあと》は明治《めいじ》の廃城以降《はいじょういこう》、学校《がっこう》や公園《こうえん》として使《つか》われてきたため、イロイロと改変《かいへん》されてはいる。しかし桜《さくら》や紅葉《もみじ》の魅力《みりょく》に負《ま》けずによ〜く観察《かんさつ》してみよう。**実《じつ》は土塁《どるい》や堀《ほり》といった土《つち》の遺構《いこう》が、かなりしっかり残《のこ》っている**のだ。

例《れい》の桜雲橋《おううんきょう》であるが、みんなあんなにいろんな角度《かくど》から見《み》ているのだから、どうか気《き》づいてほしい。橋《はし》がかかっているのは、そこに堀《ほり》があるから。この**ステキすぎる風景《ふうけい》をつくっているのは、橋《はし》じゃなくて空堀《からぼり》だって！**

見どころ

曲輪《くるわ》を囲《かこ》う巨大《きょだい》な空堀《からぼり》は迫力満点《はくりょくまんてん》。空堀《からぼり》の端《はし》にある竪堀《たてぼり》は日本最大級《にほんさいだいきゅう》

築城者	高遠氏《たかとおし》
築城年	不明《ふめい》
所在地	長野県伊那市高遠町《ながのけんいなしたかとおまち》

元藩士《もとはんし》が植《う》えてくれた桜《さくら》が注目《ちゅうもく》されるのは嬉《うれ》しい
けど、それ以前《いぜん》の歴史《れきし》もすごいから
もっとよく見《み》てくれよな！（次回予告風《じかいよこくふう》）

織田氏《おだし》が清洲《きよす》に本拠《はんきょ》を移《うつ》した後《あと》に廃城《はいじょう》となった。跡地《あとち》にあるのは石碑《せきひ》のみ

勝《しょ》幡《ばた》城《じょう》

あれっ、織田信長《おだのぶなが》生誕《せいたん》の城《しろ》ってどこだっけ？

三英傑《さんえいけつ》がうまれた愛知県《あいちけん》。徳川家康生誕《とくがわいえやすせいたん》の地《ち》・岡崎城《おかざきじょう》は、復興天守《ふっこうてんしゅ》がそびえるリッパな城跡公園《しろあとこうえん》。豊臣秀吉生誕地《とよとみひでよしせいたんち》とされる名古屋市中村区《なごやしなかむらく》も、大《おお》きな公園《こうえん》があり、神社《じんじゃ》や記念《きねん》館《かん》もある。そして**織田信長《おだのぶなが》の生誕地《せいたんち》・稲沢市《いなざわし》の勝幡城《しょばたじょう》は……え、知《し》らない？**　そう、清洲城《きよすじょう》や小牧山城《こまきやまじょう》など、県内《けんない》の信長関連《のぶながかんれん》の城《しろ》にくらべ、**勝幡城《しょばたじょう》は知名度《ちめいど》が低《ひく》すぎる。**長《なが》らく生誕地《せいたんち》がはっきりしなかったことはイタい。でもそれよりイタいのは、城跡《しろあと》そのもの。住宅街《じゅうたくがい》の**空《あ》き地《ち》に、解説板《かいせつばん》や石碑《せきひ》が立《た》っているだけ。**これが堀跡《ほりあと》かも……と、すぐそばの日光川《にっこうがわ》に城《しろ》らしさを発見《はっけん》した気《き》になるが、この川《かわ》は江戸《えど》時代《じだい》につけられたもので、外堀《そとぼり》は少《すこ》し東《ひがし》の三宅川《みやけがわ》だとか。

でも、近年駅前《きんねんえきまえ》に推定復元模型《すいていふくげんもけい》や銅像《どうぞう》が設置《せっち》され、観光《かんこう》協会《きょうかい》の特設《とくせつ》ページでは復元《ふくげん》CGも見《み》られる。城跡《しろあと》じゃない方《ほう》が城《しろ》を想像《そうぞう》できる？　いや、現地《げんち》を守《まも》っている方々《かたがた》の努力《どりょく》も忘《わす》れないで～！

見どころ

勝幡駅前《しょばたえきまえ》に置《お》かれた、復元模型《ふくげんもけい》。外堀《そとぼり》の役割《やくわり》を果《は》たしていたとされる三宅川《みやけがわ》も見《み》どころ

築城者	織田信定《おだのぶさだ》
築城年	永正年間《えいしょうねんかん》（1504～1521）
所在地	愛知県稲沢市平和町城之内《あいちけんいなざわしへいわちょうしろのうち》

家康《いえやす》は岡崎城《おかざきじょう》、秀吉《ひでよし》は尾張中村《おわりなかむら》、じゃあ信長《のぶなが》は？
引《ひ》っ越《こ》ししまくった信長《のぶなが》も信長《のぶなが》だけど
もっとアピールしてもいいはず……？

今《いま》の三階櫓《さんかいやぐら》と辰巳櫓《たつみやぐら》は平成《へいせい》に復元《ふくげん》されたもの。鯱《しゃちほこ》が3つ載《の》る珍《めずら》しい屋根《やね》を持《も》つが、堀越《ほりご》しにしか見《み》られない

立入禁止《たちいりきんし》？
現役《げんえき》の軍事施設《ぐんじしせつ》ですから

新発田城《しばたじょう》

春《はる》は桜《さくら》、冬《ふゆ》は雪《ゆき》。キレイな切込接《きりこみはぎ》の石垣《いしがき》に、雪国《ゆきぐに》らしい海《な》鼠壁《まこかべ》。越後新潟《えちごにいがた》の新発田城《しばたじょう》は、現存《げんぞん》の門《もん》や櫓《やぐら》に加《くわ》えて、木《もく》造復元《ぞうふくげん》された建物《たてもの》がとても美《うつく》しい城《しろ》である。特《とく》に**天守代《てんしゅが》わりの三階櫓《さんかいやぐら》は、T字《じ》に組《く》まれた屋根《やね》に鯱《しゃちほこ》が3つ**という、日本唯一《にほんゆいいつ》のフォルム。堀越《ほりご》しの三階櫓《さんかいやぐら》の写真《しゃしん》が定番《ていばん》だ。いや、ほとんどがこのアングルである。

城《しろ》のウリである**三階櫓《さんかいやぐら》は、復元《ふくげん》なのに非公開《ひこうかい》。近《ちか》づくこともNGだ**。なぜなら、この城跡《しろあと》のほとんどが、明治以降《めいじいこう》の陸軍用地《りくぐんようち》の流《なが》れで、いまも**陸上自衛隊《りくじょうじえいたい》の駐屯地《ちゅうとんち》だから。**現《げん》存《ぞん》の本丸表門《ほんまるおもてもん》と二《に》の丸隅櫓《まるすみやぐら》、資料館《しりょうかん》となっている復元《ふくげん》の辰《たつ》巳櫓《みやぐら》は公開《こうかい》されているが、グッと奥《おく》にある三階櫓《さんかいやぐら》は駐屯地《ちゅうとんち》の敷地内《しきちない》のため、入《はい》っちゃダメなのだ。忘《わす》れちゃならない、城《しろ》とはそもそも軍事施設《ぐんじしせつ》。**新発田城《しばたじょう》は現役《げんえき》リアル軍事施設《ぐんじしせつ》なのである。**冬季《とうき》は閉門《へいもん》してすべて外観見学《がいかんけんがく》のみになるが、それは雪《ゆき》のせいなので、勘繰《かんぐ》らないように〜。

見どころ
復元《ふくげん》された三階櫓《さんかいやぐら》は、積雪対策《せきせつたいさく》である海鼠壁《なまこかべ》や3つの鯱《しゃちほこ》など独特《どくとく》の姿《すがた》だ

築城者	新発田氏《しばたし》
築城年	14〜15世紀《せいき》?
所在地	新潟県新発田市大手町《にいがたけんしばたしおおてまち》

軍《ぐん》事《じ》施《し》設《せつ》だから一般人《いっぱんじん》は入《はい》れない
ある意《い》味《み》、正《ただ》しい城《しろ》の姿《すがた》だけど
一生《いっしょう》に1回《かい》くらい入《はい》ってみたい……！

真田丸《さなだまる》の候補地《こうほち》である明星学園《みょうじょうがくえん》には、真田丸《さなだまる》について解説《かいせつ》する碑《ひ》が立《た》つ

真田丸《さなだまる》

家康《いえやす》の恨《うら》みや深《ふか》し
ああ真田丸《さなだまる》いずこ……

大坂《おおさか》の陣《じん》での大活躍《だいかつやく》で、名《な》を残《のこ》した真田信繁《さなだのぶしげ》（幸村《ゆきむら》）。ドラマで一躍有名《いちやくゆうめい》になった「真田丸《さなだまる》」は、大坂冬《おおさかふゆ》の陣《じん》で豊臣方《とよとみがた》だった信繁《のぶしげ》が大坂城南側《おおさかじょうみなみがわ》に築《きず》き、自《みずか》らこもって戦《たたか》った出城《でじろ》だ。徳川方《とくがわがた》をさんざんに討《う》ち負《ま》かしたが、**和議《わぎ》の条件《じょうけん》に「真田丸《さなだまる》をぶっ壊《こわ》す」**ことが含《ふく》まれていたため、冬《ふゆ》の陣後《じんご》に徳川方《とくがわがた》に破壊《はかい》され、**近年《きんねん》まで場所《ばしょ》も大《おお》きさも形《かたち》もナゾだった。**

新史料《しんしりょう》の発見《はっけん》や学術発掘調査《がくじゅつはっくつちょうさ》で、「真田山《さなだやま》」あたりがそれかも、と分《わ》かってきたものの、現代《げんだい》の探索技術《たんさくぎじゅつ》でも特定《とくてい》できないほどの**徹底《てってい》したぶち壊《こわ》しぶりから、**家康《いえやす》のイラだちがにじむようだ。思《おも》えば徳川《とくがわ》を二度撃退《にどげきたい》した真田氏《さなだし》の上田城《うえだじょう》も関ケ原後《せきがはらご》に壊《こわ》されたし、豊臣大坂城《とよとみおおさかじょう》だって夏《なつ》の陣後《じんご》に完全《かんぜん》に埋《う》められた。**〝家康激《いえやすげき》おこ〟の末路《まつろ》である。**このぶんだと、夏《なつ》の陣《じん》でも信繁《のぶしげ》の本陣《ほんじん》アタックでアタフタした家康《いえやす》から、**「真田丸《さなだまる》はもう一回埋《いっかいう》めとけ（怒《おこ》）」**と指示《しじ》が出《で》てたかも⁉

築城者	真田信繁《さなだのぶしげ》
築城年	慶長《けいちょう》19年《ねん》（1614）
所在地	大阪府大阪市天王寺区《おおさかふおおさかしてんのうじく》

見どころ

真田丸《さなだまる》の跡地《あとち》は
大阪明星学園《おおさかみょうじょうがくえん》や心眼寺《しんがんじ》、
三光神社《さんこうじんじゃ》など諸説《しょせつ》ある

城《しろ》クラッシャー家康《いえやす》再《ふたた》び
くやしいのは分《わ》かるけど、壊《こわ》し方《かた》が徹底《てってい》しすぎぃ!!
遺構《いこう》を探《さが》す現代人《げんだいじん》の身《み》にもなって

現在《げんざい》の天守《てんしゅ》は平成《へいせい》に建《た》てられたもの。実際《じっさい》は清洲古城跡公園《きよすこじょうあとこうえん》に建《た》てられていたとされる

清洲城《きよすじょう》

残《のこ》ってないっていうか持《も》ってかれたの！

かの桶狭間《おけはざま》の戦《たたか》い時《じ》の織田信長《おだのぶなが》の居城《きょじょう》で、天下統一《てんかとういつ》の第一《だいいっ》歩《ぽ》を踏《ふ》み出《だ》した城《しろ》、清洲城《きよすじょう》。信長《のぶなが》好《ず》きには外《はず》せない城《しろ》である。でも行《い》ってみて、「何《なに》も残《のこ》ってないじゃん」と、がっかりする人《ひと》もいるそうな。天守《てんしゅ》は犬山城《いぬやまじょう》似《に》の模擬天守《もぎてんしゅ》。信長《のぶなが》っぽさの差《さ》し色《いろ》となっている高欄《こうらん》の赤《あか》が、なんだか気《き》の毒《どく》に思《おも》える。だって、**清洲城《きよすじょう》は遺構《いこう》が残《のこ》ってないっていうか、ごっそり持《も》ってかれたのだから。**

天下人《てんかびと》となった徳川家康《とくがわいえやす》が名古屋城《なごやじょう》を築《きず》くにあたり、**清洲《きよす》を町《まち》ごと引《ひ》っ越《こ》しさせちゃったのだ。**〝清洲越《きよすご》し〟といわれるこの日本史上最大《にほんしじょうさいだい》のお引《ひ》っ越《こ》しにより、**尾張《おわり》の中心地《ちゅうしんち》は名古屋《なごや》に移動《いどう》。**資材《しざい》も人《ひと》も何《なに》もかも、**都市機能《としきのう》ごと持《も》っていかれた清洲城《きよすじょう》は、そのまま廃城《はいじょう》**になってしまった。ちなみに名古屋城《なごやじょう》の清洲櫓《きよすやぐら》はその名残《なご》りだそうな。だから、清洲城《きよすじょう》に来《き》た観光客《かんこうきゃく》のみんな、どうかＳＮＳでひどいこと言《い》わないで。社寺探訪《しゃじたんぼう》や桜《さくら》、ライトアップも楽《たの》しんで〜。

築城者	斯波義重《しばよししげ》
築城年	応永《おうえい》12年《ねん》（1405）
所在地	愛知県清須市朝日城屋敷《あいちけんきよすしあさひしろやしき》

見どころ

天守《てんしゅ》の内部《ないぶ》は資料館《しりょうかん》となり、戦国時代《せんごくじだい》を体感《たいかん》できる楽《たの》しいサービスが充実《じゅうじつ》している

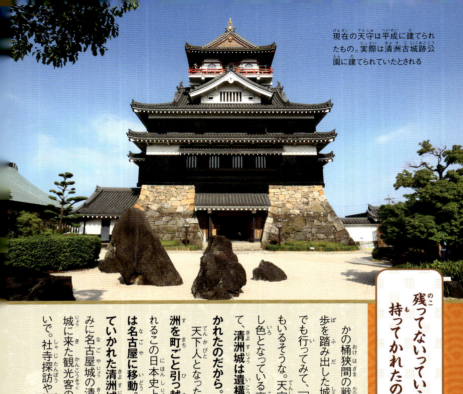

城《しろ》の建物《たてもの》だけじゃなくて
人《ひと》、寺《てら》、神社《じんじゃ》、店《みせ》、家《いえ》……ect.
ぜーんぶ、名古屋《なごや》に持って《ドナドナし》っちゃったんだって

第三台場《だいさんだいば》は公園《こうえん》として整備《せいび》され、見学《けんがく》も可能《かのう》。一辺約《いっぺんやく》160mのちょっと欠けた正方形《せいほうけい》につくられている

超人気《ちょうにんき》レジャースポットが江戸《えど》を守《まも》ってた？

品《しな》川《がわ》台《だい》場《ば》

テレビ局《きょく》やアミューズメント施設《しせつ》などが建《た》ち並《なら》ぶ、キラキラお出《で》かけスポット、**お台場《だいば》。この地名《ちめい》＝城《しろ》であること**を分《わ》かって来《き》ている人《ひと》は、きっと少《すく》ない。どこがどうお城《しろ》？　と疑《うたが》う人《ひと》は、自由《じゆう》の女神《めがみ》あたりから視線《しせん》を海《うみ》へ。防波堤《ぼうはてい》のむこうに、カクッとした島《しま》がある。コレが第六台場《だいろくだいば》という城《しろ》なのだ。

幕末《ばくまつ》、江戸湾《えどわん》に大砲《たいほう》をいっぱいすえて江戸《えど》を守《まも》っていた。**黒《くろ》船来航《ふねらいこう》であわてた幕府《ばくふ》が築《きず》いたもの**で、当初《とうしょ》11基《き》の計画《けいかく》だったが、財政難《ざいせいなん》で完成《かんせい》したのは5基《き》のみ。しかも第三《だいさん》・第六《だいろく》以外《いがい》の3基《き》は開発《かいはつ》で消滅《しょうめつ》している。

第六台場《だいろくだいば》がモコモコの森《もり》なのは、**今《いま》は野生動植物《やせいどうしょくぶつ》の自然《しぜん》保護区《ほごく》になっているため**だ。さらに、おだいばビーチの先《さき》にピョコッと出《で》た、陸《りく》づたいの島《しま》・台場公園《だいばこうえん》へ行《い》こう。この台場公《だいばこう》園《えん》が第三台場《だいさんだいば》の跡地《あとち》だ。ここは建物跡《たてものあと》や復元砲台《ふくげんほうだい》があるので、ナットクできるはず。幕末《ばくまつ》ニッポンの、国《くに》を守《まも》る必死《ひっし》な思《おも》いがつまった台場《だいば》たち、みんなで覚《おぼ》えていようね！

築城者	江戸幕府《えどばくふ》
築城年	嘉永《かえい》6年《ねん》（1853）
所在地	東京都港区台場《とうきょうとみなとくだいば》

見どころ

復元《ふくげん》された大砲《たいほう》の台座《だいざ》や、弾薬庫《だんやくこ》として使《つか》われていた石室《せきしつ》が第三台場《だいさんだいば》で見《み》られる

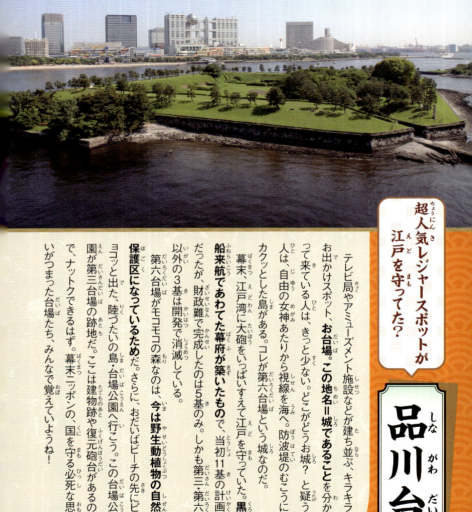

今《いま》や遊園地《ゆうえんち》やショッピングモールで賑《にぎ》わうお台場《だいば》
あっちがメイン面《づら》しているけど、
先《さき》にいたのはオレの方《ほう》なんだぞー！

天守《てんしゅ》は現在《げんざい》本《ほん》丸《まる》内《ない》に移動《いどう》中《ちゅう》。岩木山《いわきさん》とのコラボが楽《たの》しめるのは今《いま》だけ!

弘《ひろ》前《さき》城《じょう》

10年《ねん》経《た》っても赤《あか》い橋《はし》の上《うえ》で待《ま》ってるから!

津軽《つがる》氏《し》代々《だいだい》の居城《きょじょう》・弘前城《ひろさきじょう》。東北《とうほく》唯一《ゆいいつ》の現存天守《げんぞんてんしゅ》にくわえ、三重櫓《さんじゅうやぐら》3棟《とう》と櫓門《やぐらもん》5棟《とう》も現存《げんぞん》という、見《み》どころの多《おお》い城《しろ》である。桜《さくら》・紅葉《もみじ》・雪《ゆき》の美景《びけい》もみごとで、日本三大桜《にほんさんだいさくら》の名《めい》所《しょ》に数《かぞ》えられる。〝赤《あか》い下乗橋《げじょうはし》と桜《さくら》と天守《てんしゅ》〟のショットが一番《いちばん》人気《にんき》なのだが、**2015年《ねん》からこの光景《こうけい》が見《み》られなくなっている。**「小窓《こまど》いっぱいで、なんかカワイイ」と人気《にんき》の**天守《てんしゅ》が、天守台《てんしゅだい》から本丸《ほんまる》の中程《なかほど》にテレポートしている! 実《じつ》は天守台《てんしゅだい》の石垣《いしがき》にハラミ(ふくらみ)が出《で》て、修復工事中《しゅうふくこうじちゅう》**なのである。400tの天守《てんしゅ》を曳屋工法《ひきやこうほう》によって、3カ月《げつ》かけてそのまま移動《いどう》させたのだ。

当初《とうしょ》2021年度《ねんど》に天守台《てんしゅだい》にもどる予定《よてい》だったのだが、コロナ禍《か》と予想以上《よそういじょう》の石垣《いしがき》の傷《いた》みのためグ~ッと延長《えんちょう》され、**帰還予定《きかんよてい》は2026年《ねん》となった**。10年以上《ねんいじょう》のごぶさたになってしまうが、これも末永《すえなが》く天守《てんしゅ》を見守《みまも》っていくためだ。あのベストショットを再《ふたた》び見《み》られる日《ひ》まで、忘《わす》れずに待《ま》とう。

築城者	津軽為信《つがるためのぶ》・信枚《のぶひら》
築城年	慶長《けいちょう》15年《ねん》(1610)
所在地	青森県弘前市下白銀町《あおもりけんひろさきししもしろがねちょう》

見どころ

天守《てんしゅ》は東北《とうほく》で唯一《ゆいいつ》の現存天守《げんぞんてんしゅ》。三重櫓《さんじゅうやぐら》も日本一《にほんいち》の現存数《げんぞんすう》で見《み》どころとなっている

普段《ふだん》と違《ちが》う場所《ばしょ》に行《い》くのもいいけど
やっぱり200年《ねん》以上《いじょう》一緒《いっしょ》にいた
天守台《てんしゅだい》くんの上《うえ》が落《お》ち着《つ》くよね

丹後田辺城跡《たんごたなべじょうあと》は舞鶴公園《まいづるこうえん》になっており、昭和《しょうわ》に二重櫓《にじゅうやぐら》が、平成《へいせい》には城門《じょうもん》が復興《ふっこう》された

丹後田辺城《たんごたなべじょう》

名前《なまえ》カブりすぎたから センス見《み》せたのに……

　幕臣《ばくしん》を経《へ》て三英傑《さんえいけつ》に仕《つか》えた、当代《とうだい》きっての教養人《きょうようじん》・細川《ほそかわ》幽斎《ゆうさい》（藤孝《ふじたか》）。織田信長《おだのぶなが》時代《じだい》に宮津城《みやづじょう》とともに築《きず》いた丹後田辺城《たんごたなべじょう》は、幽斎《ゆうさい》の隠居城《いんきょじろ》だった。関ケ原《せきがはら》の前哨戦《ぜんしょうせん》・田辺城《たなべじょう》の戦《たたか》いが、落城寸前《らくじょうすんぜん》で天皇《てんのう》の命《めい》により終結《しゅうけつ》したことも有名《ゆうめい》だ。城跡《しろあと》には新《あたら》しい城門《じょうもん》資料館《しりょうかん》がある。「田辺《たなべ》」の地名《ちめい》は現地《げんち》に古代《こだい》からあったようだが、この地名《ちめい》、**山城《やましろ》の田辺《たなべ》（現京田辺市《げんきょうたなべし》）、紀伊《きい》の田辺《たなべ》（現田辺市《げんたなべし》）などカブりまくりで、「田辺城《たなべじょう》」も上記《じょうき》紀伊《きい》のほかに、三重県《みえけん》にもあった。**……じゃあ別名《べつめい》で区別《くべつ》だ！　と思《おも》いきや、「舞鶴城《まいづるじょう》」。**米沢《よねざわ》・甲府《こうふ》・福岡《ふくおか》など10城《じょう》以上《いじょう》の別名《べつめい》になっている名《な》だ。**読《よ》みは教養人《きょうようじん》らしく（?）ブカクジョウにして差異化《さいか》しているが……。

　……てことで、現在《げんざい》は「丹後田辺城《たんごたなべじょう》」に落《お》ち着《つ》いたのである。そして近代以降《きんだいいこう》、地名《ちめい》は田辺町《たなべちょう》→舞鶴町《まいづるちょう》→舞鶴市《まいづるし》になった。気《き》になるのは、城《しろ》は「ブカク」なのに地名《ちめい》は「マイヅル」なこと。幽斎《ゆうさい》のセンス、否定《ひてい》されちゃった？

築城者	細川幽斎《ほそかわゆうさい》
築城年	天正《てんしょう》8年《ねん》（1580）
所在地	京都府舞鶴市南田辺《きょうとふまいづるしみなみたなべ》

見どころ

城門《じょうもん》の内部《ないぶ》は、田辺城資料館《たなべじょうしりょうかん》となり、本丸石垣《ほんまるいしがき》と内堀《うちぼり》の一部《いちぶ》、天守台石塁《てんしゅだいせきるい》などが残《のこ》る

舞鶴城《まいづるじょう》ってどこの城《しろ》？ 福岡《ふくおか》？ 米沢《よねざわ》？
同《おな》じ城《しろ》の話《はなし》をしているようで何《なん》か噛《か》み合《あ》わない……
君《きみ》が好《す》きな城《しろ》はどの「舞鶴城《まいづる/ぶかくじょう》」？

知ればもっとおもしろい!

お城用語集

天守の種類

天守◎てんしゅ
近世城郭《きんせいじょうかく》の中心《ちゅうしん》となる建物《たてもの》。〝天守《てんしゅ》閣《かく》〟ともいうがこれは俗語《ぞくご》。本来《ほんらい》は合戦《かっせん》の際《さい》に城主《じょうしゅ》が籠《こ》もる最後《さいご》の砦《とりで》であったが、世《よ》の中《なか》が平和《へいわ》になると城主《じょうしゅ》の権威《けんい》を示《しめ》すシンボルとして扱《あつか》われるようになった。安土城《あづちじょう》のみ「天主《てんしゅ》」と表記《ひょうき》する。

現存天守◎げんぞんてんしゅ
江戸時代《えどじだい》から残《のこ》っている12基《き》の天守《てんしゅ》。姫路城《ひめじじょう》・松本城《まつもとじょう》・犬山城《いぬやまじょう》・彦根城《ひこねじょう》・松江《まつえ》城《じょう》の5基《き》が国宝《こくほう》、残《のこ》りの弘前城《ひろさきじょう》・丸岡《まるおか》城《じょう》・備中松山城《びっちゅうまつやまじょう》・伊予松山城《いよまつやまじょう》・丸亀城《まるがめじょう》・高知城《こうちじょう》は重要文化財《じゅうようぶんかざい》に指定《してい》されている。

復元天守◎ふくげんてんしゅ
近代以降《きんだいいこう》に再建《さいけん》された天守《てんしゅ》の内《うち》、古《こ》写真《しゃしん》や絵図《えず》などの史料《しりょう》を元《もと》に、工法《こうほう》・材料《ざいりょう》も当時《とうじ》のものを忠実《ちゅうじつ》に再現《さいげん》した天守《てんしゅ》。

外観復元天守◎がいかんふくげんてんしゅ
近代以降《きんだいいこう》に再建《さいけん》された天守《てんしゅ》の内《うち》、外《がい》観《かん》は史実《しじつ》に基《もと》づいているが、現代《げんだい》の工《こう》法《ほう》・材料《ざいりょう》でつくられたもの。戦争《せんそう》で焼《しょう》失《しつ》した天守《てんしゅ》に多《おお》い。

復興天守◎ふっこうてんしゅ
近代以降《きんだいいこう》に再建《さいけん》された天守《てんしゅ》の内《うち》、天《てん》守《しゅ》が存在《そんざい》したことは確実《かくじつ》だが、外観《がいかん》や再建位置《さいけんいち》などが異《こと》なるもの。

模擬天守◎もぎてんしゅ
近代以降《きんだいいこう》につくられた天守《てんしゅ》の内《うち》、天《てん》守《しゅ》の存在《そんざい》が不明《ふめい》、あるいは天守《てんしゅ》が存在《そんざい》しなかった城《しろ》に建《た》てられたもの。バブル期《き》に観光資源《かんこうしげん》としてつくられたものが多《おお》い。

城郭風建物◎じょうかくふうたてもの
実際《じっさい》の城跡《しろあと》とは関係《かんけい》のない場所《ばしょ》に建《た》てられた、城郭《じょうかく》を模《も》した建物《たてもの》のこと。博物館《はくぶつかん》や観光施設《かんこうしせつ》など、建物《たてもの》の用途《ようと》はさまざまで、実在《じつざい》した城《しろ》かと思《おも》うほど、見事《みごと》な天守《てんしゅ》もある。

天守の飾り

下見板張◎したみいたばり
天守《てんしゅ》の外壁《がいへき》に漆《うるし》などの塗料《とりょう》を塗《ぬ》った板《いた》を貼《は》ること。外観《がいかん》は黒《くろ》くなる。

白漆喰総塗籠 ◎しろしっくいそうぬりごめ

天守《てんしゅ》の外壁《がいへき》に分厚《ぶあつ》く白漆喰《しろしっくい》を塗《ぬ》ること。外観《がいかん》は白《しろ》くなる。

金箔瓦 ◎きんぱくがわら

金箔《きんぱく》を貼《は》り付《つ》けた瓦《かわら》。軒丸瓦《のきまるがわら》や軒平《のきひら》瓦《がわら》の模様部分《もようぶぶん》、飾《かざ》り瓦《がわら》の一部《いちぶ》などに金《きん》箔《ぱく》を貼《は》ることが多《おお》い。つまり、屋根《やね》全《ぜん》体《たい》が金色《きんいろ》になるわけではない。

破風 ◎はふ

屋根《やね》の三角部分《さんかくぶぶん》のこと。唐破風《からはふ》・千鳥《ちどり》破風《はふ》・切妻破風《きりづまはふ》などの種類《しゅるい》があり、さまざまな種類《しゅるい》を組《く》み合《あ》わせることで、天守《てんしゅ》の外観《がいかん》が華《はな》やかになる。

城の建物

御殿 ◎ごてん

城主《じょうしゅ》の住《す》まいと政庁《せいちょう》を兼《か》ねた屋敷《やしき》。通常《つうじょう》、本丸《ほんまる》が城主《じょうしゅ》の住居《じゅうきょ》となることが多《おお》かったが、江戸時代《えどじだい》になると利便《りべん》性《せい》の問題《もんだい》などにより、二《に》の丸《まる》や三《さん》の丸《まる》に住《す》む大名《だいみょう》も増《ふ》えた。

櫓 ◎やぐら

元々《もともと》は、見張《みは》りなどに使《つか》う簡易的《かんいてき》な建物《たてもの》だったが、近世城郭《きんせいじょうかく》では頑丈《がんじょう》な礎《そ》石建物《せきたてもの》になった。用途《ようと》も武器庫《ぶきこ》や時《と》計《けい》、遊興《ゆうきょう》の場《ば》など多様《たよう》になり、役割《やくわり》などに応《おう》じた名称《めいしょう》がつけられている。

門 ◎もん

虎口《こぐち》に設《もう》けられた建物《たてもの》。

城の防御

堀 ◎ほり

土《つち》を掘《ほ》り窪《くぼ》めた防御施設《ぼうぎょしせつ》。城《しろ》の最《もっと》も基《き》本的《ほんてき》なパーツで、水《みず》の有無《うむ》によって「水《みず》堀《ぼり》」と「空堀《からぼり》」、斜面《しゃめん》に対《たい》する向《む》きによって「横堀《よこぼり》」と「竪堀《たてぼり》」に大別《たいべつ》される。

空堀 ◎からぼり

水《みず》のない堀《ほり》で、山城《やまじろ》で使《つか》われることが多《おお》い。深《ふか》く、急斜面《きゅうしゃめん》にすることで、敵《てき》が登《のぼ》れないようにする。堀底《ほりぞこ》には逆茂木《さかもぎ》や杭《くい》を仕掛《しか》けて殺傷能力《さっしょうのうりょく》をあげた。

水堀 ◎みずぼり

川《かわ》や海《うみ》などから水《みず》を引《ひ》き込《こ》んだ堀《ほり》。水中《すいちゅう》には大量《たいりょう》の水草《みずくさ》が植《う》えられていたり、鳴子《なるこ》が仕掛《しか》けられていたりするので、忍者《にんじゃ》でも渡《わた》るのは容易《ようい》ではない。

堀切 ◎ほりきり

尾根《おね》から敵《てき》が侵入《しんにゅう》できないように、尾《お》根筋《ねすじ》を断《た》ち切《き》る堀《ほり》。

畝堀・障子堀 ◎うねぼり・しょうじぼり

底《そこ》を格子状《こうしじょう》に掘《ほ》り残《のこ》した堀《ほり》。堀《ほり》に落《お》

ちた敵《てき》の動《うご》きを制限《せいげん》する効果《こうか》があるほか、守備兵《しゅびへい》が狙《ねら》い撃《う》ちをしやすくなるという効果《こうか》もある。

土塁◎どるい

盛《も》り土《ど》による防御施設《ぼうぎょしせつ》。堀《ほり》の造成《ぞうせい》で出《で》た排土《はいど》を利用《りよう》することが多《おお》い。塀《ほり》や柵《さく》の基礎《きそ》、射撃時《しゃげきじ》の胸壁《きょうへき》などの用途《ようと》で使《つか》われていた。

石垣◎いしがき

石《いし》を積《つ》み上《あ》げた塁壁《るいへき》。元々《もともと》は土塁《どるい》の補強《ほきょう》のため、一部《いちぶ》に石《いし》を積《つ》む程度《ていど》だったが、技術《ぎじゅつ》の発展《はってん》により頑丈《がんじょう》で高《たか》く積《つ》めるようになり、天守《てんしゅ》や櫓《やぐら》、塀《へい》などの土台《どだい》に使《つか》われるようになる。

虎口◎こぐち

曲輪《くるわ》の出入口《でいりぐち》。敵《てき》の侵入口《しんにゅうぐち》にもなるため、合戦《かっせん》では激戦地《げきせんち》となる。敵《てき》の侵入《しんにゅう》を防《ふせ》ぐため、喰違《くいちが》い虎口《こぐち》・馬出《うまだし》・枡形虎口《ますがたこぐち》など、さまざまな形状《けいじょう》の虎口《こぐち》が考案《こうあん》された。

枡形虎口◎ますがたこぐち

門《もん》や櫓《やぐら》で四角《しかく》い空間《くうかん》を設《もう》けた虎口《こぐち》。大量《たいりょう》の敵《てき》を誘《さそ》い込《こ》んで、一斉射撃《いっせいしゃげき》で殲《せん》滅《めつ》するキルゾーンである。

馬出◎うまだし

虎口防御《こぐちぼうぎょ》のために外側《そとがわ》に設《もう》けられた小曲輪《しょうくるわ》。兵《へい》を配置《はいち》しておくことで、反《はん》撃拠点《げききょてん》にすることもできた。曲輪《くるわ》の形状《けいじょう》によって「丸馬出《まるうまだし》」と「角馬出《かくうまだし》」の2種類《しゅるい》に分類《ぶんるい》される。

縄張◎なわばり

曲輪《くるわ》や建物《たてもの》、防御施設《ぼうぎょしせつ》の配置《はいち》などを決《き》めること。強《つよ》い縄張《なわばり》を多数考案《たすうこうあん》した、藤堂高虎《とうどうたかとら》・加藤清正《かとうきよまさ》・黒田官兵衛《くろだかんべえ》・山《やま》本勘助《もとかんすけ》などを「築城名人《ちくじょうめいじん》」と呼《よ》ぶ。

大手◎おおて

城《しろ》の正面《しょうめん》。平時《へいじ》の登城《とじょう》ルートとなるため、大型《おおがた》の門《もん》や櫓《やぐら》など、見《み》せることを意識《いしき》した風格《ふうかく》のある建物《たてもの》が配置《はいち》されることが多《おお》い。

曲輪◎くるわ

堀《ほり》や土塁《どるい》で区切《くぎ》られた城内《じょうない》の区画《くかく》。役割《やくわり》や機能《きのう》に応《おう》じて、「本丸《ほんまる》」「水手《みずのて》曲輪《くるわ》」などの名称《めいしょう》がつけられる。

惣構◎そうがまえ

城内《じょうない》のみならず、城下町《じょうかまち》や周辺《しゅうへん》エリアまで堀《ほり》や土塁《どるい》で囲《かこ》み、防御《ぼうぎょ》ラインとすること。北条氏《ほうじょうし》の小田原城《おだわらじょう》が嚆矢《こうし》とされるが、これ以前《いぜん》の山城《やまじろ》にも存在《そんざい》していた。

本丸◎ほんまる

城《しろ》の中枢《ちゅうすう》となる曲輪《くるわ》。天守《てんしゅ》や御殿《ごてん》が

建《た》てられることが多《おお》い。

石落 ◎いしおとし
天守《てんしゅ》や櫓《やぐら》の床《ゆか》を外《そと》に張《は》り出《だ》させ、開口《かいこう》部《ぶ》を設《もう》ける防御施設《ぼうぎょしせつ》。江戸時代《えどじだい》の軍《ぐん》学書《がくしょ》では「石垣《いしがき》を登《のぼ》る敵《てき》に石《いし》をあびせる」と書《か》かれたが、実際《じっさい》は下方《かほう》への射撃《しゃげき》に使《つか》われた可能性《かのうせい》が高《たか》い。

狭間 ◎さま
塀《へい》や建物《たてもの》の壁《かべ》に設《もう》けられた四角《しかく》や三《さん》角《かく》の穴《あな》。鉄砲《てっぽう》や弓《ゆみ》を放《はな》つための銃眼《じゅうがん》の役割《やくわり》を持《も》つ。

古代山城 ◎こだいさんじょう
7世紀頃《せいきごろ》、朝鮮《ちょうせん》・唐《とう》の侵攻《しんこう》に対《たい》する防《ぼう》衛《えい》として近畿以西《きんきいせい》に築《きず》かれた山城《やまじろ》の総称《そうしょう》。『日本書紀《にほんしょき》』などの史書《ししょ》に記載《きさい》されたものを「朝鮮式山城《ちょうせんしきやまじろ》」、ないものを「神籠石系山城《こうごいしけいやまじろ》」と呼《よ》ぶが、構造《こうぞう》はほぼ同《おな》じ。

攻城戦について

支城 ◎しじょう
大名《だいみょう》の本拠地《ほんきょち》（大根城《おおねじろ》）以外《いがい》の城《しろ》。地《ち》域支配《いきしはい》を担《にな》う「根城《ねじろ》」や国境《こっきょう》を守《まも》る「境目《さかいめ》の城《しろ》」、物資補給《ぶっしほきゅう》や援軍《えんぐん》の中継《ちゅうけい》地点《ちてん》「つなぎの城《しろ》」など、役割《やくわり》に応《おう》じてさまざまな城《しろ》がつくられた。

付城（陣城） ◎つけじろ（じんじろ）
籠城戦《ろうじょうせん》の際《さい》に、攻城側《こうじょうがわ》の陣地《じんち》としてつくられた臨時《りんじ》の砦《とりで》。使《つか》い捨《す》ての拠点《きょてん》のため、簡易的《かんいてき》な構造《こうぞう》のものが多《おお》い。

詰城 ◎つめじろ
館《やかた》の背後《はいご》に設《もう》けられた山城《やまじろ》。有事《ゆうじ》の際《さい》には、籠城拠点《ろうじょうきょてん》や大名《だいみょう》の家族《かぞく》の避《ひ》難先《なんさき》となった。

後詰め ◎ごづめ
籠城《ろうじょう》している支城《しじょう》への援軍《えんぐん》。この後詰《ごづ》め軍《ぐん》と攻城中《こうじょうちゅう》の敵《てき》が戦《たたか》うことを「後《ご》詰《つ》め決戦《けっせん》」という。長篠《ながしの》の戦《たたか》いなど、戦国《せんごく》の有名《ゆうめい》な合戦《かっせん》の多《おお》くは後詰《ごづ》め決《けっ》戦《せん》である。

籠城 ◎ろうじょう
城《しろ》に籠《こ》もって敵《てき》の攻撃《こうげき》を防《ふせ》ぐ合戦《かっせん》のやり方《かた》。地形《ちけい》や防御施設《ぼうぎょしせつ》による守《まも》りがあるため、基本的《きほんてき》に防御側《ぼうぎょがわ》が有利《ゆうり》だが、援軍《えんぐん》や補給《ほきゅう》の当《あ》てがない場合《ばあい》、落《らく》城《じょう》は必至《ひっし》である。

調略 ◎ちょうりゃく
敵《てき》の城主《じょうしゅ》や重臣《じゅうしん》に対《たい》し、自軍《じぐん》に寝返《ねがえ》るよう誘《さそ》いをかけること。

続！ざんねんなお城図鑑

発行日　2025年4月25日 初版第1刷発行
発行人　山手章弘
編　集　木村壮史
発行所　イカロス出版株式会社
〒101-0051　東京都千代田区神田神保町1-105
URL https://www.ikaros.jp

印刷所　日経印刷株式会社
contact@ikaros.jp（内容に関するお問合せ）
sales@ikaros.co.jp（乱丁・落丁、書店・取次様からのお問合せ）

ISBN 978-4-8022-1558-9
Printed in Japan

禁無断転載・複製

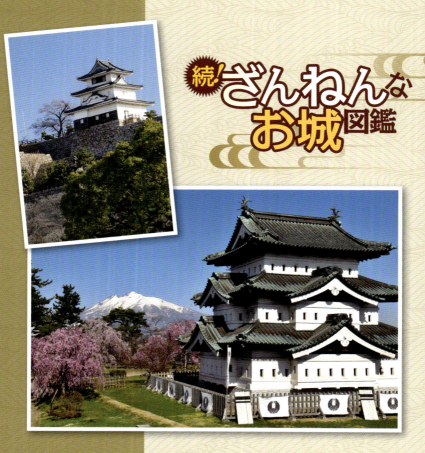